T0270045

M

TE
TIENES
LO
TIENES

ANDREA GARTE

Montena

Papel certificado por el Forest Stewardship Council®

Primera edición: mayo de 2024

© 2024, Andrea Garte
© 2024, Penguin Random House Grupo Editorial, S. A. U.
Travessera de Gràcia, 47-49. 08021 Barcelona
Diseño de interiores: Penguin Random House Grupo Editorial / Angie Izquierdo

Penguin Random House Grupo Editorial apoya la protección del *copyright*.
El *copyright* estimula la creatividad, defiende la diversidad en el ámbito de las ideas y el conocimiento,
promueve la libre expresión y favorece una cultura viva. Gracias por comprar una edición autorizada
de este libro y por respetar las leyes del *copyright* al no reproducir, escanear ni distribuir ninguna
parte de esta obra por ningún medio sin permiso. Al hacerlo está respaldando a los autores
y permitiendo que PRHGE continúe publicando libros para todos los lectores.
Diríjase a CEDRO (Centro Español de Derechos Reprográficos, http://www.cedro.org)
si necesita fotocopiar o escanear algún fragmento de esta obra.

Printed in Spain – Impreso en España

ISBN: 978-84-19848-32-1
Depósito legal: B-4.494-2024

Compuesto en Comptex & Ass., S. L.
Impreso en Limpergraf
Barberà del Vallès (Barcelona)

GT 4 8 3 2 1

Te confieso que es mi primera vez y que estoy un poco nerviosa, pero quería dedicarte este libro a ti, sea cual sea el motivo por el que lo hayas comprado o hayan decidido regalártelo. Quizá me conozcas de las redes sociales o por ser «la chica de My Agleet», o puede que algún amigo te haya recomendado mi libro. Sea como sea, me hace muchísima ilusión que esté en tus manos.

Disfrútalo. Este libro ahora es tan mío como tuyo.

ÍNDICE

PUEDO CON TODO, PERO NO A LA VEZ

**El que toma decisiones sin miedo es el inconsciente.
El que a pesar del miedo las toma es el valiente.**

Te lo diré muy claro: NO ME GUSTA LEER. No sé cuántos libros has leído tú; imagino que pocos empiezan con una frase así. Pero este es el mío y esta es la verdad. Nunca me ha gustado leer y, por supuesto, me he encargado de hacérselo saber a la gente de mi entorno, para que nadie me regalara un libro por el día de mi cumpleaños. ¡Eso sería catastrófico! Una oportunidad perdida de recibir un regalo mucho mejor, como un buen maquillaje o unos zapatos preciosos; y también dinero desperdiciado. Luego hay que poner buena cara y sacar tus dotes como actriz, fingir que te ha gustado mientras tus tíos te graban, aunque por dentro pienses: «Muy coja tiene que estar la mesa para que le dé yo utilidad a esto».

Entonces, quizá, si no te gusta leer, este libro sea para ti. O puede que seas como yo, esa persona que se ha pasado años repitiéndose que no le gusta leer hasta que se lo ha creído. Porque, en realidad, ¿a quién no le va a gustar leer? Si lo piensas, nos pasamos gran

TE TIENES, LO TIENES

parte de nuestra vida leyendo; una receta que te apetece cocinar, las noticias en X, la descripción de un post bonito que publicó tu amiga, los wasaps del grupo familiar donde cada mañana tu primo da los buenos días con algún GIF, las reseñas de ese producto que te vas a comprar, el mensaje del *crush* que aún estás procesando... ¿Cuántas veces has leído ese mensaje? Al final va a ser que te encanta leerlo.

Bueno, vale, voy a cambiar un poco mi *speech*. ME ENCANTA LEER, y a ti también. Pero nos gusta hacerlo con aquellas cosas que realmente nos mueven, los temas que nos importan y nos aportan. Yo descubrí hace años que la lectura sobre aquello que me interesa no solo me gusta, sino que me enriquece. No tengo el último libro de Arturo Pérez-Reverte (lo siento, Arturo), pero sí una estantería llena de libros que me han hecho crecer, y mucho. Haré alguna recomendación, sí, paciencia.

Entonces, en realidad, lo único que debemos hacer es encontrar aquellas cosas que tengan la suficiente relevancia para nosotros y que despierten nuestro interés. Y así tendremos ganas de dedicarles tiempo y no las sentiremos como una obligación. Estos son algunos de mis temas favoritos y, por lo tanto, de los que voy a hablar en estas páginas.

- **AUTOCONOCIMIENTO**
- **AUTOESTIMA**
- **EMPRENDIMIENTO**
- **AMOR**
- **DESARROLLO PERSONAL**

Amo leer libros que tratan estos temas porque amo conocerme, mejorar como persona y, sobre todo, sentir esa paz que da saber que tienes el control de tu vida. Ojalá que con este libro consigas descubrir algo nuevo de ti, te des la oportunidad de conocerte o saques alguna conclusión de estas que solo hablarías con tu mejor amigo porque es demasiado personal o densa como para que el resto del mundo pueda entenderla. Aquí estás a salvo, en este libro puedes dar rienda suelta a tus sentimientos.

Soy fiel defensora de que si eres capaz de conocerte serás capaz de resaltar tus virtudes y mejorar tus defectos. Ya nadie podrá hacerte daño con sus comentarios porque nadie te conocerá tan bien como tú. Y, créeme, cuando asumimos lo que somos y descubrimos lo que queremos ser, todo es mucho más fácil; también eso de lanzarte a tu proyecto personal, al sueño o negocio al que llevas tiempo dándole vueltas.

Este libro ya es tuyo. Tú decides: puedes leerlo, colocarlo bajo la pata de esa mesa que cojea o devolverlo ahora mismo, antes de arrugar ninguna página, para que te devuelvan el dinero. Mi recomendación es que sigas adelante un rato más, porque te prometo que tú y yo compartimos mucho y me encantaría mostrártelo.

También te recomiendo que tengas a mano algún lápiz, boli, subrayador o pósits para que destaques aquellas frases que sean capaces de atravesar tu corazoncito, para rellenar algún cuestionario o simplemente hacer alguna caricatura en los márgenes. Sea cual sea tu decisión, me parecerá increíble porque será tuya. Por la parte que me toca, yo voy a ser lo más sincera posible contigo. Ya ves que no me ando con rodeos ni quiero parecer quien no soy.

En este libro quiero darte las que han sido mis claves para entenderme mejor y así poder tener la que hoy en día considero una muy buena autoestima. Sé de sobra que la vida no es de color de rosa, pero estoy convencidísima de que tú tienes el poder de elegir cómo pintarla. **¡Quiérete, cúrratelo y gana!**

PRIMERA PARTE

REVO

LA
LUCIÓN
DEL
AMOR
PROPIO

CAPÍTULO 1

ERES UN FOLIO EN BLANCO. VUELVE A DIBUJARTE

Conocerse a uno mismo es el viaje más valiente que emprenderás; el amor propio es la recompensa.

Cuando nacemos somos un folio en blanco. «¿Cómo será? ¿Le gustará esto o lo otro? ¿Será extrovertida o tímida? ¿Valiente o asustadiza?». Estas preguntas, que imagino que todos los padres se han formulado mirando a su bebé, tardan menos de lo que pensamos en empezarse a responder.

Da igual que seamos muy pequeños, que no sepamos hablar y que no hayamos desarrollado según qué habilidades. Aunque no nos comuniquemos, el folio en blanco se va llenando de las expectativas, opiniones e ideas que nuestros cuidadores, esas primeras personas con las que nos relacionamos, tienen sobre nosotros.

Imagínate un folio A4. Arriba del todo, en mayúsculas y subrayado, está escrito tu nombre. De esta forma, tanto tú como el resto sabemos que este es tu papel y el de nadie más. Como te decía, aún no sabes escribir, así que durante los primeros años de vida quienes van a verter palabras en el papel serán tu familia y las personas que se hacen cargo de ti. Ellos van a ir rellenando el folio con las impresiones que tú les causas y con los deseos y miedos que les despiertas. **Es importante que te grabes esto a fuego: no van a escribir quién eres tú, sino lo que perciben/ven/sienten de ti, es decir, lo que despiertas en ellos.**

Por ejemplo, imagínate que tu abuelo, con quien pasabas mucho tiempo de pequeña, fue un médico reconocido. Él, apasionado de su profesión, no tardó en darse cuenta de que te encantaba observar los insectos que te encontrabas en el parque y que te fijabas en las alas, las patas, las antenas... Entonces cogería tu folio A4 y escribiría: «Será una gran médica porque es muy observadora y le interesa la anatomía». Por ello, empezaría a pasarse las tardes contándote cosas sobre enfermedades, remedios y diagnósticos, y en todos los cumpleaños te regalaría algún juego para practicar operaciones. A ti, que te lo pasabas en grande con tu abuelo y que te parecía superinteresante todo lo que te contaba, no te molestaba que diera por hecho que de mayor fueras a seguir sus pasos. Sin embargo, si tú pudieras escribir en el folio (más tarde lo harías), pondrías: «Me encantan los insectos y de mayor quiero aprender a dibujarlos con todo detalle».

Pero lo que escriben de ti no se limita a tus gustos y habilidades. Imagínate que tu madre anota «es torpe» porque te estás tropezando todo el tiempo. Tal vez, con los años, descubrirás que necesitas gafas y que cuando las llevas puestas ya no te vas chocando con todo. O tal vez no, y realmente eres una persona un poco torpe. Sean más o menos ciertas, esas palabras escritas en tinta negra habrán calado en ti.

Llegados a este punto, ya te habrás dado cuenta de la gran responsabilidad que tienen las personas que están escribiendo en tu folio, ¿no?

EL PRINCIPIO ES IMPORTANTE: LA INFANCIA

La forma en la que te trataron de niña influye en cómo te relacionas contigo misma y con los demás. De eso trata la teoría del apego: el vínculo que tenemos con la persona que nos cuida construye las bases de nuestra seguridad y autoestima.
Por ejemplo, pongamos que tus padres pasaban de ti cuando te ponías a llorar y rechazaban cualquier tipo de conexión; es probable que de mayor tu especialidad sea hacerte la dura y pensar que no necesitas a nadie para estar bien.
Además del apego, es importante tener en cuenta el tema de las heridas emocionales. Voy a pasar muy de puntillas, pero, en resumen, las experiencias de la infancia dejan huella. Si has sentido rechazo, abandono, humillación o injusticia en determinadas situaciones y de forma repetida, tu forma de verte y de ver la realidad dependerá en gran medida de estas heridas. Imagínate que de peque tus padres siempre impusieron su punto de vista y no tuvieron para nada en cuenta tu opinión. Es normal que, de mayor, a ti también te cueste aceptar opiniones ajenas. Es tu forma de evitar el dolor de la herida.

De niños se nos da muy bien captar las situaciones, pero nos puede costar interpretarlas correctamente. Por lo tanto, si cuando eres mayor revisitas tu infancia, intenta diferenciar los hechos objetivos de lo que te hicieron sentir, ya que puede haber distorsiones.

Como es obvio, en todo el tema del apego y las heridas también juegan un papel fundamental las inseguridades y carencias de las madres, padres y tutores. Puede que sean personas sanas, que quieran verte crecer feliz, apoyarte y ayudarte cuando lo necesites. Si ese es tu caso, frases como «no te rindas», «confiamos en ti», «tú puedes» o «estoy orgulloso de lo que has conseguido» serán algunas de las que podrás leer en tu folio.

Sin embargo, puedes tener peor suerte (créeme, muchos la hemos tenido) y que quienes hayan escrito en tu folio sean personas muy exigentes, inestables o insensibles que no han sabido trabajar en sí mismas de una forma constructiva, por lo que no van a saber tratar contigo. Puede incluso que destrozar aquellas personas que tienen cerca les haga sentirse un poquito mejor (sí, hay gente horrible en el mundo). Son las típicas que pronuncian a menudo frases como «no vales para nada», «lo haces todo mal», «nunca serás suficiente». Cuando vas haciéndote mayor y lees esto en tu folio, es una auténtica mierda.

Si tus cuidadores han sido tóxicos, las frases que te han dedicado no sumarán nada bueno a tu trayectoria y es probable que sean la causa de tu baja autoestima. Si este es tu caso, tienes dos opciones:

- **LEER LO QUE OTROS HAN ESCRITO DE TI Y ASUMIRLO COMO UNA VERDAD.**
- **ANALIZAR ESAS FRASES DAÑINAS, REFLEXIONAR SOBRE QUÉ TE APORTAN Y REESCRIBIRLAS.**

Vamos bien. Has elegido la segunda, lo sé, pese a que conlleva bastante más trabajo. Porque ahora tendrás que leer, entender, afrontar y decidir con qué te quedas y con qué no de lo que pone en el papel.

A nadie le apetece pararse a ver cómo de destrozado está su folio o quién escribió cada frase y por qué. Te diré más, hay muchísimas personas que prefieren seguir como si nada y evitan tener que detenerse a leerlo porque sienten miedo de lo que se van a encontrar. Es normal. Puede ser doloroso ver que tu madre escribió «no confío en ti». Cuando buscas culpables y te das cuenta de que son tus familiares más cercanos, a menudo personas a las que queremos muchísimo, duele. Sin embargo, este es el primer paso necesario para conocernos, saber de dónde venimos y descubrir hacia dónde queremos ir. Identificar es el primer paso para sanar.

¡A POR ELLO!

Lo que me dijeron de pequeña

Visualiza tu folio A4. ¿Lo tienes? Ahora lee con atención las siguientes frases. ¿Cuáles de ellas oíste más veces a lo largo de tu infancia? Márcalas con una cruz.

☐ Confío en ti.

☐ No me fío de ti.

☐ Tú puedes hacerlo.

☐ ¿Estás seguro de que vas a ser capaz?

☐ Enhorabuena por conseguirlo.

☐ Es tu deber, no tengo que felicitarte.

☐ Inténtalo de nuevo.

☐ Déjalo ya, ¿no ves que no puedes?

☐ Creo en ti.

☐ No sirves para nada.

☐ Dame un abrazo.

☐ Eres muy pesado.

☐ Eres increíble.

☐ Eres un parásito.

☐ ¿Qué necesitas?

☐ Porque yo lo digo y punto.

☐ Vas a conseguir todo lo que te propongas.

☐ ¿Cómo voy a querer a alguien así?

☐ Te mereces todo lo bueno que te pase.

☐ No puedo estar orgulloso de alguien así.

☐ Te quiero.

☐ No vas a llegar a nada en la vida.

☐ Estoy orgulloso de ti.

☐ Tú te lo has ganado, así aprendes.

Si gana el grupo de las frases negativas frente al grupo de las frases positivas, lamento profundamente que sea así, ¡pero quiero que te quede claro que eso no significa que vayas a ser una desgraciada el resto de tu vida! Fíjate en alguno de los mensajes positivos que has marcado y apóyate en ellos. ¡Eres maravillosa, créeme!

Si en tu caso la gran mayoría de frases son positivas, ¡enhorabuena! La gente con la que has crecido ha sido sana, y es probable que tengas una buena autoestima. Pero nada es infalible ni se puede generalizar. Aunque tener una buena relación de apego suele allanar el terreno del amor propio, hay infinidad de circunstancias y dificultades que pueden hacerlo temblar. ¡Nada de confiarse!

ERES MÁS QUE TU PASADO

Es cierto que el ambiente familiar y las experiencias vividas marcan, pero eso no significa que no podamos hacer nada al respecto. Sé qué estás pensando: «Muy bien, Andrea, tienes razón en lo del apego y las heridas, pero ¿qué hago con esto?». A menudo sentimos que no podemos cambiar nuestra forma de vernos, que lo que los demás han decidido que somos nos va a definir para siempre. Sin embargo, la única persona que puede elegir qué tacha y qué no del folio y que puede devolverle su brillo eres tú.

Intenta este experimento en casa. Coge un trozo de papel, arrúgalo y hazlo una bolita. Ahora, despliégalo y extiéndelo intentando quitarle todas las marcas y arrugas que han quedado. Complicado, ¿verdad? Por mucho que insistas y alises, las arrugas no se van. Puede que se disimulen, pero no desaparecen del todo. Por lo tanto, ¿qué opción tienes? Por un lado, asumir que el folio que te ha tocado no puede cambiarse; solo existe este y es el tuyo, por lo que tendrás que aprender a convivir con lo que ya hay escrito. Pero, por otro lado, ¡eso no significa que te lo tengas que tragar sin rechistar! ¡Para eso están los típex! Para que la gente buena que va llegando a tu vida conforme te vas haciendo mayor (amigos, parejas, profesores, compañeros de trabajo) pueda dedicarte sus palabras sanas y llenas de amor, tendrás que dejarles hueco. ¿Cómo? ¡Pues usando el típex! No borrará la frase (siempre habrá un pequeño recordatorio de lo que allí hubo escrito), pero **te dará el espacio necesario para que tú y otros te definan desde el cariño**.

Además de borrar aquello dañino, podemos ser selectivos con quién dejamos entrar en nuestra vida. Cuando somos pequeños poco podemos hacer para evitar que escriban determinadas cosas en el folio, pero conforme nos hacemos mayores nos damos cuenta de que tenemos que protegerlo. Debemos preservarlo y no darle a cualquiera la ventaja de escribir en él. Y, sobre todo, tenemos que evitar a toda costa que nadie nos lo arrugue.

Para decidir qué intentas tapar con típex y qué quieres reescribir encima de lo tachado, tendrás que ser consciente del peso que las frases que has analizado en el ejercicio anterior tienen en tu día a día. ¿Te dedicas frases similares cuando tienes un problema o cuando te hablas en tu diálogo interno? A veces, repetimos lo que siempre nos han dicho. Tomar conciencia de todo lo que han escri-

Las primeras páginas de tu libro están escritas, pero aún te queda el nudo y el desenlace.

to en el folio y del poder que tiene sobre ti es un paso importantísimo. Esta hoja de papel puede limitarte y hacerte creer que no vales o que no eres capaz. Pero, si conoces lo que contiene, ya tienes medio camino ganado. El conocimiento nos hace fuertes.

Ya no eres ninguna niña. Puedes leer, revisar lo que otros han escrito y escribir también tú. Quién eres, qué te gusta, qué se te da bien, qué te limita. ¡Todo esto lo sabes tú más que nadie! Ahora puedes tapar con típex la frase de tu abuelo y escribir encima «creativa, observadora y con talento para el dibujo». Te animo a que te responsabilices, a que alces la voz, a que no dejes que otros decidan por ti.

El A4 te va a acompañar toda tu vida. Puedes escribir frases en los huecos que queden libres, en los márgenes, en ese espacio en blanco que queda justo debajo. Aprovecha toda su superficie para crear, poco a poco, tu historia. **Si hay descripciones que te limitan, ¡atrévete a cambiarlas!**

CONOCE TUS CARTAS

**El secreto de vivir es saber de
qué deshacerse y qué guardar.**

Ya has visto que la vida consiste en completar tu folio, tu camino. Pero antes de ponerte manos a la obra necesitarás unos segundos para pensar, porque, y aquí llega la sorpresa, la vida es un juego de estrategia. En cada momento estamos tomando una decisión que marcará cómo va a ser nuestro día, nuestra semana, mes o año. ¿Me levanto con tiempo antes de ir a trabajar o prefiero dormir más y empezar la mañana corriendo? ¿Voy al gimnasio hoy o lo dejo para un día que me apetezca más? ¿Me apunto a ese grado medio o apuesto por la carrera que van a hacer mis amigos? Desde la decisión más pequeña hasta las elecciones a las que dedicamos horas y horas de pensamiento, ¡todas nos definen!

Quizá nunca te lo habías planteado así, pero te aseguro que en cuanto te pares a pensarlo lo verás con muchísima claridad. Piensa en alguna característica de tu situación vital. ¿Estudias o trabajas? ¿Dónde vives? ¿Quiénes son tus amigos? ¿Tienes algún proyecto que te ilusione? Respondas lo que respondas, tus palabras serán el

resultado de una serie de decisiones que has ido tomando en tu pasado, algunas sin siquiera pensarlas.

Igual el lugar en el que te sentaste el primer día de clase te llevó a conocer a alguien, ese alguien te presentó a un amigo, ese amigo te descubrió una afición... Y ahora resulta que estás estudiando para dedicarte en profundidad a eso. Hay quien piensa que está donde está gracias a la suerte, pero quizá todo habría sido distinto si una sola de las decisiones que tomamos durante el camino hubiera sido otra.

Si lo piensas, da hasta miedo, pero «miedo» es una palabra que no me gusta nada. Yo prefiero pensar en que tenemos la oportunidad de construir nuestra vida con cada pequeña decisión. **Soy la dueña de lo que hago y tú también.** Por eso me gusta pensar en la vida como una partida de póquer. Vale, no es que sea una jugadora profesional, pero ¿a que entiendes a qué me refiero?

Ni en la vida ni en el póquer conoces la mano de la persona que tienes delante, y tampoco sabes cuál será la próxima carta que te lanzará el crupier. No sabemos cómo va a reaccionar nuestro entorno ni cómo se van a tomar nuestras decisiones. Lo que ves son tus cartas y con ellas decides si lanzarte a jugar o si te mantienes a la espera de la próxima ronda. Porque, recuerda, siempre hay una siguiente ronda.

Eso sí, si te atreves a apostar, lo más importante es saber qué tienes en la mano. Algo que me gusta mucho del póquer es que puedes ganar independientemente de las cartas que tengas, aunque parezca que tienes todo en contra. Pero para elegir la estrategia que te lleve al éxito tienes que saber leer la partida.

ENCANTADA DE CONOCERME

En la vida eso implica conocerse a uno mismo, ser conscientes de nuestros puntos fuertes y las cosas en las que más flaqueamos. Todos tenemos de ambos y reconocerlos es la mejor herramienta para cumplir nuestras metas. Quizá tu pareja de ases sea tu capacidad de trabajo y tu imaginación, y tus cartas más bajas sean que te cuesta sobrellevar los nervios. Pero incluso con esas podrás ganar, porque saber que los tienes te puede llevar a practicar y estudiar hasta tenerlo todo tan controlado que nada pueda fallar.

Uno de esos libros que están siempre en mi estantería es *Encantado de conocerme*, de Borja Vilaseca. Sí, le he robado el título para este apartado, pero es que no hay mejor frase para lo que te quiero contar. Leerlo te ayuda a comprender tu personalidad a través del eneagrama, un mapa que convierte tu cerebro en una estrella de nueve puntas donde cada una habla de un rasgo de tu forma de ser.

Vale, explicado así parece algo un poco raro, lo reconozco. ¿Y si te dijera que es una forma de explicar cómo eres y cómo te relacionas con los demás? Estoy segura de que ahora sí he captado tu interés. El eneagrama es una fórmula muy desarrollada que exige que te sientes a responder una larga lista de preguntas y que a veces sepas valorar numéricamente algunos aspectos de tu personalidad. Puede llegar a ser un poco complicado si nunca has pensado en cómo definirte, pero no te preocupes porque hay otros recursos geniales para empezar.

Como ya sabrás, yo soy una tía bastante directa. Y, como no quiero que dejemos escapar esta oportunidad, voy a ser yo la que te haga todas esas esas preguntas que también me formulé el día en el que quedé encantada de conocerme. Te prometo que te vas a enamorar del autoconocimiento y todas sus posibilidades.

¡A POR ELLO!

Conócete

Venga, vamos a conocernos. Empezaré por las preguntas fáciles para ponerte en marcha e iremos subiendo la intensidad. Date el tiempo que necesites, confía en tu instinto e intenta no censurarte (¡abajo el autoboicot!). Espero que te sirva muchísimo, yo también quedaré encantada de poder conocerte.

¿Cómo te llamas? . . . .

¿Cuántos años tienes? . . . .

¿A qué dedicas gran parte de tu tiempo?

. . . .

. . . .

¿Sobre qué te gustaría aprender más?

. . . .

. . . .

¿Qué es lo más importante para ti? (Puedes elegir hasta tres).

         ☐ Trabajo   ☐ Estudios   ☐ Amor

         ☐ Familia   ☐ Amigos   ☐ Dinero

¿En qué te consideras talentoso?

....

....

¿Cómo te sientes ahora mismo?

....

....

¿Con qué tres palabras te describiría tu mejor amigo?
(Puedes preguntarle a él).

....

....

¿Cuáles crees que son tus fortalezas?

....

....

¿Cuáles crees que son tus debilidades?

....

....

¿Qué amas de ti mismo?

....

....

¿De qué serías capaz de trabajar gratis?

....

....

¿Cuál dirías que es tu mayor logro?

....

....

¿Qué no puedes cambiar?

....

....

¿Qué te asusta?

....

....

¿Por qué estás agradecido hoy?

....

....

....

Vale, vale. ¡Tiempo muerto! Sé que a veces no es fácil resumirse en tan poco espacio. Lo estás haciendo muy bien, respira. Seguro que a mí me has visto en mil vídeos preguntándome cosas, hablando sola, reflexionando. Tengo bastante claro lo que quiero o, más bien, lo que no quiero, pero no lo he conseguido de la noche a la mañana. Poco a poco he ido aprendiendo a escucharme, a corregirme con buenas palabras y a entenderme.

Si te está costando responder a alguna de esas preguntas, te propongo que cambiemos de perspectiva. Describir nuestra personalidad no es fácil, pero puede ser un poco menos complicado si pensamos en cómo actuamos con la gente que está a nuestro alrededor. Para esta segunda ronda puedes pensar en situaciones concretas con tus amigos o tu familia y verás como las respuestas te salen solas.

¿En qué te pareces a tus padres?

....

....

¿Qué tiene de bueno ser tu amigo?

....

....

¿Cómo sueles demostrar amor?

....

....

¿Qué es lo que más te molesta del resto?

....

....

¿Qué es lo que más valoras en un amigo?

....

....

¿Hay alguien a quien no hayas perdonado?...............................

¿A quién admiras? ....

Enhorabuena, ahí tienes una primera imagen de ti misma. Estas preguntas te hablan de tus valores, tus talentos y tus deseos. Y, si te ha costado más completar alguna que otra, también habrás aprendido qué aspectos de tu personalidad conoces más y cuáles siguen siendo un misterio. Quizá haya llegado la hora de tener una cita contigo misma, dedicarte tiempo solo para ti y explorar esos rincones de tu mente que pueden iluminar tus próximos pasos.

TE TIENES, LO TIENES

Si en el ejercicio has descubierto algunas respuestas que no te gustan, no tienes de qué preocuparte. Yo creo que la gente puede cambiar, porque yo sí soy mejor que antes y estoy segura de que tú también. Cuando me dicen eso de «has cambiado», yo pienso: «¡Menos mal!». Menos mal que he cambiado, menos mal que ya no soy la misma que hace tres años, tres meses o tres semanas. Sigo creciendo y evolucionando cada día y ojalá pueda seguir haciéndolo el resto de mi vida.

Grábate esto en la mente: el cambio es bueno.

Es normal que nos produzca nervios, porque no sabemos qué vendrá, pero la incertidumbre puede esconder recompensas maravillosas. Igual que los jugadores de póquer se la juegan cuando deciden cambiar una de sus cartas, tú también eres valiente cuando te atreves a salir de lo conocido. Quizá la nueva carta que te reparta la vida te lleve a un lugar diferente, te presente un reto importante o te traiga un regalo inesperado, pero, pase lo que pase, ya habrás ganado porque estarás conociéndote de nuevo a ti en otro lugar, situación o momento.

Qué frustrante debe de ser que pase el tiempo y que sigamos siendo la misma persona. Te quiero dar las gracias si te has dado cuenta de que me esfuerzo en cambiar y quiero animarte a abrazar ese cambio a mejor que está esperando en tu futuro.

Si en el póquer nuestra misión es no quedarnos sin fichas, en la vida nuestro objetivo es no perder la ilusión por aquello que nos emociona y vivir contentos la mayor parte del día. Recuerda, la de-

38

cisión es tuya. Tú decides si jugar o no esta ronda, tú decides si te levantas y dejas el juego o si cambias los jugadores. **Es tu partida de póquer y las condiciones las pones tú.**

¿Te has quedado dando vueltas a la importancia del cambio? ¡Eres de los míos! Te propongo regalarle una sorpresa a tu yo del futuro. Saca el móvil, abre el calendario y ponte una alarma de aquí a uno, dos o tres años que te lleve de nuevo a las preguntas que has completado hoy. Así podrás leerlas en unos años y ver todo lo que has cambiado. O incluso animarte a responderlas de nuevo y repetir la alarma para más adelante. ¡Te encantará!

CAPÍTULO 3

CUÁNTO VALES Y CUÁNTO TE MERECES

Todos nos merecemos a alguien que nos mire como se miran las cosas importantes.

Si vas al supermercado a por agua, encontrarás una botella pequeña por treinta céntimos. Pero ¿qué ocurre si colocas esta misma botella en un bar? Pagarás un euro por ella. Y como te entre sed en el aeropuerto, aunque tengas que comprarla en una máquina expendedora, esta misma botella te costará tres euros. La botella es la misma, pero está en espacios diferentes.

Tú eres esa botella de agua, ¿cómo te quedas? A ver, no te lo tomes de forma literal, ¡obviamente no eres una botella de agua! A diferencia de cualquier bebida, tu valor es incalculable. Pero, igual que en el caso del agua, dependiendo de dónde te coloques pagarán treinta céntimos o tres euros por ti (esto es una metáfora, nadie va a pagar por ti, creo que se sale de la legalidad). Es decir, te valorarán más o menos en función de en qué lugar estés. Sin embargo, tu valor no lo ponen los supermercados o los restaurantes, sino que lo determinas tú, y nadie más. Que te quede claro: **tu valor lo marcas tú misma**.

Si te rodeas de personas que jamás estarían dispuestas a pagar lo que cuesta una botella de agua en un aeropuerto por mucho que se estén muriendo de sed, nunca serás valorada. Así de claro. Hay quien espera de ti que des, des y des, pero que no está dispuesto a mover un dedo por ti. Esta clase de personas no te dirá lo orgullosas que están de ti ni te impulsarán a seguir creciendo. Al contrario, es probable que minen tu autoestima, que no te quieran ver conseguir tus logros y que no se alegren por ti. En resumen, se trata de personas tóxicas.

Tal vez te parezca egoísta o demasiado tajante, pero yo he decidido que no permito que gente así forme parte de mis días. Huyo de cualquier relación que me chupe energía, me consuma, me juzgue y me haga dudar de quién soy o de quién quiero ser. Y tampoco me quedo con aquellas personas que están a mi lado sin más, sin aportarme nada positivo. No quiero relaciones vacías que se basen en una infinidad de conversaciones de besugos. Con el tiempo he aprendido la lección y solo dejo entrar en mi vida a quien me aporta, me suma y me impulsa.

No es egoísmo, es amor propio. **Solo pido lo mismo que ofrezco.** Me he dado cuenta de que soy esa botella de agua que venden en el aeropuerto y sé que mi compañía y mi tiempo son un lujo que no estoy dispuesta a ofrecer a todo el mundo a cualquier precio. ¿Cómo lo he logrado? Trabajándome y aprendiendo a poner límites. Es más fácil decirlo que hacerlo, lo sé, pero te prometo que solo así conseguirás que las personas que entren en tu vida te hagan feliz de verdad. Yo lo he logrado, y eso me facilita muchííísimo la existencia.

LA FAMILIA QUE ELEGIMOS

Seguro que con esta historia de las botellas de agua te ha venido alguien a la cabeza. Amistades, familia, parejas... Existen muchos flancos desde los que nos pueden herir. Lo primero que quiero decirte es que da igual en cuál de estas categorías se encuentre la persona que te está haciendo daño. Tatúate esto: no le debes incondicionalidad a nadie. Da igual que sea tu hermano, tu primo, tu compañera de trabajo, tu expareja o tu pareja actual.

Me chirría mucho la creencia de que por ser de la misma sangre hay que aguantar cosas que no le aguantarías a otras personas. Precisamente por culpa de pensar que «a un familiar se lo tenemos que perdonar todo» se producen situaciones donde se rebasan todos los límites. No elegimos a nuestra familia. Tenemos la buena o la mala suerte de nacer en un lugar concreto acompañados de unas determinadas personas, pero no tienen por qué ser con quienes queramos compartir nuestro tiempo, ni tenemos que sentirnos obligados a hacerlo. Nuestro bienestar no puede pasar a un segundo plano. Es estupendo priorizar la familia si os relacionáis desde el respeto, el cariño y la aceptación, pero, si nada de esto se da, aléjate y no te sientas culpable.

Y te digo exactamente lo mismo de las amistades y las relaciones románticas. No te quedes donde no te valoren. No estés ahí pase lo que pase, hagan lo que hagan, te digan lo que te digan. Puede haber cariño mutuo, puede haber el peso del tiempo compartido, momentos buenos y momentos malos, pero nada de esto debe impedirte que cortes la relación si no estás bien. Yo siempre digo que hay que aprender a diferenciar lo que es antigüedad de lo que es afinidad. ¿Sigues quedando con esa persona por el recuerdo del pasado o porque en el presente te aporta?

Si dudas sobre si quieres romper esa relación, te lanzo la pregunta que siempre siempre me hago en estos casos: si volvieras a conocer a esa persona hoy, sabiendo todo lo que sabes de ella, ¿querrías tener la relación que tenéis? Pregúntate: ¿tirarías para delante?, ¿volverías a empezar una historia de amor?, ¿la considerarías como una gran amistad?, ¿le darías esa oportunidad? Si la respuesta es no, siento decirte que ha llegado el momento de dejarla ir; quizá de escapar. Ha llegado tu momento y, por muy difícil que parezca ahora, mañana te lo agradecerás.

Como a veces con esta pregunta no basta, te dejo un ejercicio que te ayudará a pensarte tus relaciones y a tomar las riendas de las mismas.

¡A POR ELLO!

Las relaciones que hay que dejar ir

Ya sea por tener un pasado común, por miedo a no encontrar algo mejor o por creer que no merecemos más, soltar relaciones cuesta. Para ayudarte a decidir, te propongo que leas las siguientes frases y que marques aquellas con las que te sientes identificada. Si estás pensando en la relación que tienes con varias personas, puedes usar un color distinto para cada una de ellas.

- Siento que no puedo ser yo misma.
- Me siento ignorada cuando doy mi opinión.
- Se ríe de mis miedos y preocupaciones.
- Cualquier cosa puede ser fuente de conflicto y siempre soy yo quien tiene que ir detrás para resolverlo.
- Jamás me pide perdón.
- Me amoldo a todos los planes y no siento que haga lo mismo por mí.
- Aunque no exista un conflicto directo conmigo, me llego a sentir culpable por todo.
- Hay intermitencia. Podemos ser muy cercanos un día y, al día siguiente, que pase de mi cara.
- Queda a mis espaldas.
- Si discutimos, puede dejarme de hablar y no responderme los wasaps durante días.
- Si se enfada, pone a otra gente en mi contra.
- Si tengo planes con otros amigos, intenta venir aunque no esté invitada o se enfada.
- Se mete con mis otras amistades o con mi familia.
- Cuando me pasa algo, en lugar de escucharme, lo convierte en un tema sobre ella («pues a mí me pasó...»). A veces siento que es una competición de quién tiene más problemas cuando yo solo quiero desahogarme.
- Solo se interesa por mí cuando quiere alguna cosa a cambio.

Todas estas frases son señales de que hay algo en la relación que no va bien. Como cada persona es un mundo y seguro que me he dejado cosas fuera de la lista, aquí tienes espacio para completarla.

- ....
- ....
- ....
- ....
- ....
- ....

Es importante que reflexiones acerca de tus relaciones y de qué comportamientos recurrentes tienen hacia ti. No se trata de que cuentes los ítems de la lista y que, a partir de x número de señales borres a esa persona de tu vida. Tal vez solo necesitas una señal bien grande allí donde más te duele para poner distancia. Y está bien que sea así. Lo único que te pido es que te escuches y que conozcas tu propia realidad. Solo así serás capaz de poner límites.

Si después de haber hecho este ejercicio te sientes como si te hubiera pasado un camión por encima y te estás preguntando: «¿Qué he hecho mal en la vida para merecerme esto?» o «¿Cómo he podido soportar tanto?», ¡STOP! Para de hacerlo. Dedicarte estas frases es culparte a ti de la poca responsabilidad afectiva que han tenido contigo, y no tiene ningún sentido. Debes recordar que no hay nada malo en ti ni te mereces que te pasen cosas malas. Punto. Ahora repítetelo tantas veces como haga falta hasta que te lo creas.

No hay nada malo en ti ni te mereces que te pasen cosas malas.

Te mereces poder elegir con quién compartes tu tiempo, es decir, quién es tu familia escogida. Observa el pasado para aprender los límites que vas a poner en el futuro. En cuestión de relaciones, la vida es un entrenamiento y, cuanto más avanzamos, más expertos somos a la hora de detectar quién nos hace bien y quién no. La vida es cambio, ¿recuerdas? ¡A por otra ronda y a ganarla!

CAPÍTULO 4

LA ADVERSIDAD AHORA JUEGA EN MI EQUIPO

**Lo que sea que vas a hacer hoy hazlo
por ti y para ti, no esperes a nadie.**

A los diecisiete años me diagnosticaron la enfermedad de Crohn. Recuerdo celebrar mi cumpleaños desde el hospital después de una larga racha de médicos, consultas donde nadie me daba soluciones y noches de agobio y frustración. Podría ponerte la explicación culta de qué es esta enfermedad, pero prefiero hacerlo con mis propias palabras. Bienvenido a mi vida como enferma de Crohn.

Rápido y mal, el Crohn es como un virus de tripa. Pero, mientras que los virus de la tripa que todos hemos pillado en algún momento se pasan tras unos días de arroz blanco y agüita, mi enfermedad es crónica. Eso quiere decir que es para siempre, no tiene cura, o sea, que te jodes. ¿Te suena haber pasado alguna vez una semana sin poder salir del baño porque te comiste algo en mal estado? Pues esa podría ser mi vida.

El Crohn es una enfermedad autoinmune, es mi propio cuerpo quien la genera y se ataca a sí mismo. Todos tenemos unos bichitos en el intestino que se encargan de mantenerlo limpio. ¿Alguna vez has enfermado de la tripa después de estar un tiempo con antibiótico? Eso es porque algunos medicamentos son tan potentes que matan a esos bichitos y durante unos días nos dejan sin nadie que haga el mantenimiento en nuestra tripa, por lo que es superfrecuente que nos pongamos malos. Imagínate lo importantes que son.

Todas las personas que tenemos Crohn generamos demasiados bichitos, tantos que no solo limpian el intestino, sino que también se lo comen, lo desgastan. Esto da lugar a úlceras, algo parecido a las llagas que salen en la boca. En nuestro intestino, todo eso tiene un final bastante desagradable, dolores de tripa muy fuertes, diarreas, vómitos e incluso sangrado.

He de confesarte que los meses previos a saber que tenía esta enfermedad lo pasé fatal. Perdí mucho peso, estaba física y mentalmente sobrepasada y no veía una solución ni encontraba una explicación a lo que me estaba sucediendo. Nunca he sido una persona a la que le sobren kilos y, por aquel entonces, en cosa de un par de meses perdí unos ocho.

Todo lo que comía me hacía ir al baño a los pocos minutos con un dolor insoportable, por la noche no podía dormir, me despertaba varias veces con unas diarreas horrorosas y empecé a defecar sangre. Recuerdo no querer salir de casa por miedo a cagarme encima; el dolor de tripa era heavy y lo que más me frustraba era que no sabía lo que me estaba pasando. Siento ser tan explícita, pero este es mi libro y así soy yo en la vida real, no me da ningún tipo de apuro hablar de mierda. *Sorry*, es lo que hay.

Cuando me pasó esto, yo llevaba todo el año entrenando para el campeonato del mundo de danza acrobática en Alemania. Bailo desde los ocho años y, aunque ya os hablaré de esto más adelante, ahora solo puedo deciros que fue muy frustrante perderme por culpa de esta enfermedad el evento para el que llevaba meses entrenando tantas horas al día.

Físicamente me veía fatal, me miraba al espejo y no reconocía mi cuerpo, apenas tenía fuerzas para andar y mi autoestima quedó destrozada. A la frustración del día a día y de perderme momentos tan importantes para mí como el campeonato de Alemania, se le sumó el miedo a salir de casa sin saber si a los dos minutos tendría que buscar un baño de emergencia. Tenía diecisiete años y no podía quedar con mis amigos, me encontraba fatal y no sabía qué me pasaba. Así que no es de extrañar que todo esto acarrease otros problemas de salud mental.

Por supuesto, estuve varios meses acudiendo al médico para entender qué era lo que tenía. Y, no, esto tampoco fue nada sencillo. Al principio me dijeron que era un virus de tripa, después que una gastroenteritis, quizá colon irritable, tal vez colitis ulcerosa... Hasta que después de meses y una colonoscopia llegó el «Andrea, tienes la enfermedad de Crohn».

De entre las enfermedades que acabo de nombrar, la de Crohn quizá sea la más complicada, pero para mí fue un gran alivio poner nombre a lo que me estaba pasando. Y, aunque nada cambió en ese momento y yo seguía con mis dolores y mis diarreas ingresada en aquel hospital, algo dentro de mí se tranquilizó. **Por fin tenía una explicación.**

Cuando le pones nombre a tu enfermedad, puedes reunir información. Quizá más gente ha pasado por lo que tú estás viviendo ahora, quizá hay personas que lo han superado o han aprendido a convivir con ello. El tener una referencia es tranquilizador, parece que alguien nos puede mostrar el camino y enseñarnos.

ENTRE ACEPTAR Y SOLUCIONAR

Me encantaría poder decir que he superado mi enfermedad o que ya estoy curada, pero, como ya te he dicho antes, el Crohn es una enfermedad crónica. Me toca convivir con ella y es lo que he aprendido a hacer. Esa es mi superación. Es cierto que las semanas de brote de Crohn son fatales, pero, por suerte para mí, son mínimas.

Hace unos años publiqué un vídeo en YouTube hablando de mi enfermedad y de cómo fue todo el proceso desde que los síntomas aparecieron hasta encontrar el diagnóstico. Puedes buscarlo como «VIVIR ENFERMA CROHN | @andreagarte». En él quise contar mi experiencia para cualquiera que alguna vez se encuentre en una situación parecida y necesite escuchar a alguien que ya haya recorrido parte del camino. Hay veces que necesitamos un abrazo de un ser querido, pero otras necesitamos apoyarnos en quien ha pasado por nuestra misma situación. Es como recibir un mensaje de ánimo desde el futuro, alguien que te dice que en poco tiempo tú también aprenderás a convivir con tu enfermedad.

Cuando yo grabé el vídeo, todas las dudas y la inseguridad ya habían quedado atrás. Ahora he aceptado que sufro una enfermedad crónica, que habrá momentos mejores y peores, pero que puedo disfrutar mi vida sin que el Crohn esté en primer plano. Ni siquiera es un punto de inflexión en mi vida, aunque sí ha sido un proceso que me ha enseñado una lección importante: **con los problemas que no tienen solución, la solución es aceptarlos. Más adelante te hablaré más sobre esto.**

Igual has oído hablar de las cinco etapas del duelo. Pues déjame decirte que el camino hasta aceptar un problema de salud como este es bastante parecido. Al principio es normal negar la realidad, pensar que no tienes nada grave, y de ahí se suele pasar al enfado. «¿Por qué me tiene que tocar a mí?». Es una pregunta supernatural, pero no sirve de mucho hacérsela. La tercera fase es la negociación («igual si no como, no voy tanto al baño, y puedo resistir así»), pero, cuando vemos que nada de esto nos sirve, pasamos a la cuarta: la tristeza. Estar triste es un paso necesario para avanzar a la última fase: la aceptación. «Vale, esta es la realidad que nos ha tocado, pero no va a acabar con nosotros».

Las dificultades preparan a personas comunes para destinos extraordinarios.

Si te paras a pensarlo, la única fase que nos sirve de algo es esta de aquí arriba que destaco. Es verdad que a veces necesitamos enfadarnos o llorar, pero vivir en la tristeza o en la rabia no sirve de nada. Especialmente con el Crohn, que es una enfermedad que influye mucho en nuestro ánimo. Dicen que el estómago (y los intestinos, por extensión) son el segundo cerebro. Cuando conseguimos mantenernos en paz todo va bien, pero, en el momento en el que algo se tuerce o se escapa de nuestras manos, llegan los nervios y la enfermedad de Crohn ataca.

Por eso es tan importante aprender a gestionar nuestras emociones, ya que hacen que convivir con estos problemas sea más sencillo. Tómate el tiempo que necesites, apóyate en la gente que te quiere y permítete llorar o gritar si te hace falta. Busca referencias, vídeos, perfiles o grupos de gente que compartan tu experiencia y que puedan iluminar tu camino. Pero, sobre todo, escúchate y cree en tu fuerza y en tu capacidad para superar los obstáculos. Recuerda, la única persona que tiene el poder de aceptar la adversidad y tirar para adelante eres tú. No olvides que **eres tu mejor ayuda**.

CAPÍTULO 5

CREE EN TI Y CREERÁN EN TI

Somos lo mejor que tenemos.

C omo reza el título de este capítulo, creer en ti hará que los demás crean en ti. Tal vez no sea tan sencillo, pero antes de cerrar el libro dame una oportunidad para explicártelo.

Apuesto a que eres capaz de hacer muchísimas más cosas de las que piensas. Lo que pasa es que, a menudo, somos nuestro peor enemigo y nos vemos incapacitados para lograr las metas con las que soñamos. Es obvio que no todos tenemos las mismas capacidades, pero, si conoces bien cuáles son las tuyas y las explotas al máximo, créeme que pocas cosas se te resistirán. Y, cuando estés convencida de tu proyecto y seas capaz de defenderlo con seguridad, ¿quién no va a confiar en ti?

LO PERFECTO ES ENEMIGO DE LO BUENO

Voy a soltar una obviedad: no soy perfecta. En realidad, nadie lo es y nadie debería querer serlo. La perfección no existe, lo que para ti es bonito quizá no lo sea para otra persona. Por algo dicen que **la belleza está en los ojos de quien mira**.

Pues a pesar de no ser perfecta y no buscar serlo, pienso que soy increíble. Suena superegocéntrico y quizá lo sea, pero creo (y digo creo para sonar un poco más humilde) que, si le diera la oportunidad a cualquier persona de conocerme y enamorarse de mí, muy posiblemente lo haría. Siento decirte, Juan Carlos, que si no te has enamorado de mí no es porque no te guste, sino porque no te he dado la oportunidad de hacerlo. Hale, ya lo he dicho.

Puedes pensar que soy una sobrada, pero no te confundas. Soy muy consciente de mí misma: ni soy la más guapa ni la más simpática y, desde luego, tampoco la más alta... No soy la mejor ni de lejos. Como decía mi padre, de lo bueno lo peor y de lo peor lo mejor. Sin embargo, tengo clarísimo que, dado que me voy a quedar en mi 1,55 m, no tiene ningún sentido que me compare con las más altas. Ni con las más simpáticas ni con las más listas. Ninguna de ellas habrá vivido lo mismo que yo, ni compartimos genética, ni las mismas cualidades, por lo tanto, es una pérdida de tiempo.

Con quien me tengo que comparar, en todo caso, es conmigo misma. Intento mejorar día a día, conocer muy bien mis virtudes para potenciarlas y mis defectos para tratar de compensarlos. Con esto en mente, reflexiono acerca de cómo era en tal o cual aspecto hace un año, hace unos meses y ahora mismo. Es así como se avanza, mirando atrás para valorar todo el camino andado, pero nunca para quedarte allí estancado pensando que no lo lograrás. Y, claro está, tampoco avanzarás observando el camino que andan otros.

Compararnos, además de hacernos perder el tiempo, nos puede llegar a paralizar. Cuando queremos hacerlo todo a la perfección podemos volvernos demasiado críticos, perfeccionistas o indecisos. Mi consejo es que te centres en lograr un resultado bueno o aceptable en lugar de quedarte atrapado buscando una perfección inalcanzable. Recuerda: lo perfecto es enemigo de lo bueno.

Si estás pensando que soy una creída, tal vez no te falte razón, pero si ser creída significa creer en una misma, lo admito, soy una creída. Si yo no creo en mí, ¿quién lo va a hacer?

FAKE IT TILL YOU MAKE IT

Te voy a hacer una confesión. Hubo un tiempo en el que me sentía una impostora. Quería cambiar muchas cosas de mi vida y asumir hábitos más saludables. Me había puesto como objetivo tener unos horarios más decentes, hacer más deporte, vestir divina, comer sano, ser más productiva, leer cada noche... Vamos, ¡casi nada! Después do trazar un plan (en el ejercicio al final de este capítulo te contaré cómo) me puse a ello. Nada más despertarme, me vestía con unas mallas a juego con un top y me ponía a hacer estiramientos. Después de ducharme escogía mi *outfit* como si fuera a ir a la *Fashion Week* y, de un día para otro, mi plato tenía más verde que un bosque en primavera. De repente me daba tiempo de hacer todo lo que quería y ya iba por el tercer libro del mes. ¿Qué me estaba pasando?

Estuve bastante tiempo pensando que vivía una vida que no era la mía. Me preguntaba: «¿Qué hago fingiendo este mundo de Barbie donde todo es tan perfecto como lo imagino?». Pero me funcionó. Eso que parecía sacado de Pinterest ahora forma parte de mi rutina, se ha convertido en mi día a día y es lo más real que tengo.

Existen pequeños cambios que pueden llegar a modificar por completo el rumbo de tu futuro.

Si no lo has leído, te recomiendo muchísimo el libro *Hábitos atómicos*, de James Clear, verás cómo puedes construir hábitos positivos. La idea principal que defiende es que, por mucho que desees que algo se haga realidad, ponerse a ello es mucho más productivo que soñar con ello.

¿Y cuál es una forma de ponerse a ello? Pues siendo una impostora y marcándote un *fake it till you make it* de manual. Esta expresión en inglés significa «finge hasta que lo logres» e implica la idea de actuar con confianza, incluso si no estás seguro del todo o si no confías en tus habilidades. Si vas a una entrevista de trabajo y quieres conseguir el puesto, véndete como la mejor opción. Si ven que tú mismo dudas de tus capacidades, jamás te contratarán.

Si deseas algo, ponerte a hacerlo es más productivo que soñarlo.

Lo ideal es llegar a la fase de creer que si no se enamoran de ti es porque tú no quieres. Es posible que no haga falta que llegues, pero hasta entonces finge un poco y compórtate como te gustaría ser. Actúa como si te estuvieran grabando y tú fueras la protagonista de tu propia película, verás cómo tu forma de hablar, de vestir y de trabajar se acercan cada vez más a tu ideal. Cuando demuestras seguridad no solo influyes en los demás, sino que también incides de forma positiva en tu propio estado de ánimo y en tu actitud. A fuerza de insistir acabarás adquiriendo las habilidades o la confianza genuina que estás proyectando. Es así.

Todo esto no solo sirve para adquirir nuevos hábitos, sino también para dejar atrás cosas que no te gustan de ti. Me da un poco de vergüenza admitirlo, pero antes no sabía hablar: sin darme cuenta, cometía errores graves a la hora de expresarme. No estoy diciendo que ahora hable perfectamente, pero te prometo que antes aún menos. Decía cosas como «ves a por tus cosas» en lugar de «ve a por tus cosas». Lo de confundir el verbo «ver» por el verbo «ir» era bastante común en mi discurso. Hubo un día en el que me di cuenta de que estaba mezclando estos dos verbos. Pero, aunque fui consciente, seguí diciéndolo mal (no, después de toda una vida no fui capaz de cambiarlo de un día para otro). Me podría haber dado igual, pero la realidad es que me acomplejó un poco y quise ponerle remedio. Cada vez que cometía este error me corregía a mí misma en voz alta para interiorizarlo. En un par de meses, lo que llevaba diciendo mal durante décadas empezó a salir bien. Así de sencillo.

Este ejemplo, que te puede parecer una tontería, me sirve para ilustrar que, si sabes que tienes ciertos puntos para mejorar y quieres mejorarlos (¡es importante lo de querer!), solo debes ponerte en acción. Por mucho que en un principio te parezca imposible, llegará un día en el que alguien diga «ves a abrir la puerta» y te chirriarán los oídos y tendrás que morderte la lengua para no corregirlo.

¡A POR ELLO!

Consigue tus metas

Para empezar a trabajar en tus metas, necesitarás papel y lápiz o bolígrafo. Busca un momento de tranquilidad y reflexiona acerca de las cosas que crees que puedes mejorar. Pueden ser actitudes, rutinas diarias, nuevos aprendizajes, un idioma... Cualquier cosa que, si logras mejorar, hará que te sientas mejor. De todo lo que has pensado, anota las tres metas que más te importan.

1. . . . .
2. . . . .
3. . . . .

Lee la lista y empieza a pensar de qué forma puedes conseguir estos objetivos. Imagínatelo como si fuera una película, como si estas tres metas formaran parte de tu nueva vida de Barbie. Te dejo espacio a continuación para que escribas cómo las llevarías a cabo en tu mundo ideal. Es importante que lo escribas en presente. Por ejemplo: entre semana me voy a dormir a las doce y así por la mañana me levanto descansada y tengo tiempo de tomarme un desayuno de lo más nutritivo mientras escucho las noticias.

....
....
....
....
....
....
....
....
....
....
....
....
....
....
....
....
....
....

Ahora que has descrito tu vida ideal, solo te queda empezar a fingir que es de verdad la tuya. Ya sabes, conviértete en una impostora hasta que los hábitos se vuelvan tu rutina y la rutina sea tu realidad. Confía en ti y en el proceso, después llega la magia.

Mientras tú dudas de ti misma, el resto estamos temblando porque sabemos que puedes lograr cualquier cosa que te propongas.

CAPÍTULO 6

ATRÉVETE A ROMPER MOLDES, Y QUIZÁ ALGÚN PLATO

Si para ti es importante, entonces es que ES IMPORTANTE.

Tendemos a intentar encajar, ver la serie de la que todo el mundo habla, no mojarnos con esos temas considerados tabú para no parecer una rebelde, vestir algo más neutral para conocer por fin a la familia de tu pareja... En ocasiones, fingimos ser alguien que no somos para no ser rechazados y para no ser etiquetados como «el diferente».

Esto de seguir de forma ilógica la corriente de un grupo se llama efecto Asch y consiste en hacer y decir lo mismo que la mayoría, aunque no estés muy de acuerdo. Seguro que conoces algún caso, si es que no te ha pasado a ti, de entrar a trabajar en un nuevo puesto o una empresa donde todo el mundo hace alguna hora extra no remunerada. El día que te lo piden a ti, aunque sabes que eso es inmoral e ilegal, ni siquiera se te pasa por la cabeza la idea de quejarte. Todo el mudo lo hace, nadie dice nada al respecto, ¿quién eres tú para ser el primero en levantar la voz? Justo esto es a lo que llamamos «presión de grupo» o efecto Asch.

Es verdad que los primeros días en el trabajo pueden ser especialmente difíciles para ser la persona que va contracorriente. Te sientes observado, todavía no has podido demostrar lo que vales; son motivos que explican que, a veces, dudes de ti mismo y prefieras esperar un poco para dar tu opinión. Esto no quiere decir que el efecto Asch solo pueda ocurrir en estas situaciones bajo presión. La realidad es que es mucho más frecuente de lo que te puedas imaginar.

De hecho, el nombre viene de un experimento del psicólogo Solomon Asch, que un día reunió a un grupo de estudiantes para una supuesta prueba de percepción visual, un ejercicio muy simple que no tenía por qué generar presión o nervios a nadie. A la izquierda, los participantes tenían un cartel con una línea, y a la derecha, otro cartel con tres líneas. Una de ellas tenía exactamente el mismo tamaño que la de la izquierda, las otras no.

Los estudiantes, uno por uno y en voz alta, tenían que identificar cuál de las tres líneas de la derecha era del mismo tamaño que la del cartel de su izquierda. Sencillo, ¿verdad? La cosa se complica un poco cuando, al empezar el ejercicio, resulta que todos los participantes menos uno (el sujeto) están compinchados para dar la misma respuesta. Una respuesta errónea.

Asch realizó este experimento varias veces y, al llegar el turno del sujeto, en el 70 por ciento de los casos este daba la respuesta errónea, la misma que habían seleccionado todos los anteriores. Casi siempre se dejaba al sujeto para uno de los últimos turnos y, por eso, a pesar de lo obvia que era la respuesta correcta, el hecho de haber escuchado una y otra vez una respuesta distinta cambiaba la elección del sujeto. En siete de cada diez casos, prefería decir algo en lo que no creía para no destacar, antes que atreverse a opinar algo que lo separaría del grupo. Da miedo, ¿a que sí?

Para no caer en este tipo de engaños donde nos dejamos llevar por la presión grupal, es muy importante hacer caso a tu pensamiento crítico. El pensamiento crítico es tu capacidad para dudar de las cosas que se dan por sentadas y es fundamental para que te conviertas en la persona que quieres ser. ¿Tus padres son abogados y asumen que tú deberías serlo también? ¿Tu jefe quiere que hagas horas extra porque todos las hacen? ¿Tus amigos insisten en un plan solo porque siempre lo han hecho así? **Busca siempre el porqué detrás de las cosas y no dejes que nadie te fuerce a pensar algo si no tiene argumentos válidos.**

Aprender a confiar en tu propio criterio es un proceso constante y merece atención, pero te prometo que la recompensa vale la pena. Te recomiendo que te acostumbres a debatir con el resto y defender en voz alta aquello que crees. Te sentirás más confiada cuantas más veces te permitas romper moldes y no hagas solo lo que el resto espera de ti. Pero no te olvides de que el pensamiento crítico también es hacia uno mismo; recuerda revisar tus convicciones y preguntarte si tienes motivos para defender una cosa u otra.

Hay una expresión que dice algo así como «solo tienes una oportunidad de causar una primera buena impresión». Es una frase que nunca se me olvida, en parte porque me permite pensar en cómo se aplica a la realidad. Vamos a pararnos a analizarla un momento (¡arriba ese pensamiento crítico!).

Si esas personas que vas a conocer hoy terminan formando parte de tu vida, en realidad tendrás muchas más oportunidades para que te conozcan. Y si, por el contrario, nunca te vuelves a cruzar con ellas, entonces la opinión que puedan tener sobre ti, por mal que suene, te la debe traer al pairo. Lo importante nunca será lo que opine un desconocido de nosotros, lo importante es qué opino yo de mí y, como mucho, lo que opina la gente a la que quiero y de la que sí estaría dispuesta a escuchar un consejo.

Por eso es vital romper ciertos moldes, dejar de intentar encajar con el resto de las piezas del puzle y **pasar a ser una única pieza que no necesita unirse a nada más**.

DI SÍ A DECIR NO

Una muy buena amiga mía, psicóloga, me recomendó el libro *El coraje de ser quien eres (aunque no gustes)*, de Walter Riso. Es uno de los últimos libros que he leído y ahora quiero ser yo la que te lo recomiende a ti. Es como un manual que nos ayuda a desprendernos de esas creencias inculcadas a través de la sociedad y hace que nos centremos en nosotros mismos. Si crees que no es tan importante, déjame contarte algo que me pasó cuando tenía diecisiete años.

Si me hace feliz, qué importa la opinión de los demás.

Llevaba tres meses trabajando en un restaurante en el que el jefe siempre se retrasaba en el pago de la nómina. Yo no era la única con este problema y todos sabíamos que aquello no era correcto, pero nadie decía nada. Aunque los trabajadores hablábamos sobre lo mal jefe y mal pagador que era y lo poco valorados que nos sentíamos, el miedo a perder el trabajo o a enfrentarse a él hacía que nadie se quejase.

Y es que el miedo muchas veces nos paraliza y no nos deja actuar.

Cuando pensaba en ello, yo lo veía claro. Me pregunté cuáles eran las razones que justificasen esos retrasos que él daba por sentados y no encontré ninguna. Yo siempre solía llegar quince minutos antes para ponerme el uniforme y ordenar alguna cosa antes de empezar mi jornada. Si necesitaban mi ayuda alguna hora más, me quedaba, era muy obediente y responsable con mis tareas. Por mi parte, el trabajo estaba bien hecho. No merecía tener que estar mendigando un dinero que era mío, que yo me había trabajado, mi sueldo. Fue entonces cuando me sentí en la obligación de enfrentarme a esta situación.

Puede que fuera la ausencia de miedo, saber que ese no era el trabajo de mis sueños y que para mí era solo una forma de poder ahorrar durante un tiempo. Claro que tenía mis gastos y mis obligaciones, pero también la certeza de que si me echaban de allí podría conseguir algo mejor, donde sí me pagasen a tiempo y me sintiera valorada. Así que un día, al terminar mi jornada, pregunté al jefe si se podía quedar un momento para hablar conmigo. Ese día me dio largas, igual que los siguientes, pero una es testaruda y finalmente me tuvo que escuchar.

Allí estaba yo en nombre de todos mis compañeros, con la libreta donde había apuntado todas las horas extras y días que me debía. Le dije: «Necesito que nos pagues cuanto antes el dinero que nos debes. Te he apuntado aquí las horas extras y todo detallado por si tienes alguna duda. Nosotros somos eficaces y llegamos a la hora cada día. No es justo que no recibamos puntual cada mes el cobro de un dinero que necesitamos, que es nuestro, por hacer bien el trabajo».

Y ¿sabes qué? Al día siguiente nos pagó a todos y nos dijo que se le había olvidado. Ya con mi dinero en la mano, confirmé que en aquel lugar no se me estaba tratando como merecía y salí de aquella cocina sin romper ningún plato. Aunque ganas no me faltaron.

Muchas veces es necesario pararse ante un espejo, mirarse a uno mismo, asumir quiénes somos, cómo somos y cómo queremos ser, y atrevernos a demostrar al resto que ser diferente, vestir diferente u opinar diferente es ser auténtico, único y valioso. **Y, sobre todo, aprender a decir no a esas situaciones que no te gustan o te resultan injustas.** Sé fiel a tus valores y defiéndelos.

CAPÍTULO 7

FOCUS EN TI, NADA ES MÁS IMPORTANTE

Hacer de ti mismo una prioridad no es egoísmo, es necesidad.

Vamos a empezar este capítulo con un ejercicio.

¡A POR ELLO!

Tus personas importantes

Piensa cuáles son las tres personas más importantes de tu vida. Me imagino que hay muchas más personas que son relevantes, pero solo puedes seleccionar a tres. Reflexiónalo bien y escribe sus nombres:

- ....
- ....
- ....

Seguro que cada una de estas personas tiene un papel fundamental y te aporta cosas distintas. ¿Has escrito tu nombre en la lista? Si no estás, déjame decirte que deberías haberte apuntado, y que hay que empezar a trabajar en tu amor propio.

Para mí el amor propio es poder sentirte a gusto contigo misma y tener la certeza de que puedes seguir tu instinto, no dudar, no juzgarte, sentir esa seguridad que te permite hacer lo que quieres en cada momento sin miedo al qué dirán. No es una cuestión de físico, de verte mejor, es una cuestión de paz mental, de conocerte, de caerte bien a ti misma, de tener el control sobre tu mente. Es obvio que esto no se consigue de la noche a la mañana, pero si lo trabajas cada día notarás una diferencia bestial a lo largo de las semanas, los meses y los años. Y es que **no puedes caerle bien a todo el mundo, pero te puedes caer bien a ti**.

El primer paso es conocerse, ¡por eso toda esta primera parte del libro va de eso! Aunque no lo parezca, creo que la mayoría de la gente no se conoce. Quizá porque es un proceso que da miedo, porque tienes que cuestionarte muchas cosas, corregir otras tantas y, en ocasiones, es más fácil seguir sin pararse a mirar el problema de frente. ¡ERROR! Este mismo problema no desaparecerá porque apartes la mirada.

Te cuento una anécdota que me dejó en shock. Un día un amigo me invitó a cenar con un montón de amigos más a los que yo no conocía. Desde el primer momento me parecieron muy simpáticos y me sentí cómoda con ellos. Hablaban de quién tenía pareja, de

La persona más importante que tengo en mi vida hoy en día, que me apoya, que me aguanta todos los días, que me quiere, que me respeta y que siempre está ahí cuando la necesito SOY YO.

qué habían estudiado, de lo que les gustaría hacer en un futuro...
Como soy muy curiosa y quería saber más, me aventuré a preguntar-
les: «Chicos, ¿por qué no me decís tres virtudes y tres defectos que
tengáis cada uno?». Es verdad que tal vez dio la impresión de
que era una entrometida y eso les pudo incomodar, pero había habi-
do tan buen rollo durante la cena que no me corté. Yo solo quería co-
nocerlos mejor y me pareció una buena manera de empezar a hacerlo.

Se hizo el silencio en la mesa. Yo, que soy un poco testaruda,
insistí. «Venga, tres virtudes, tres cosas buenas que tengáis» (esta
vez, me guardé los defectos). Nadie decía nada y, al final, uno de
los chicos me contestó: «No lo sé, nunca me he parado a pensar tres
cosas buenas sobre mí». Los demás se quedaron callados y asintie-
ron. Alguien cambió de tema y ya no volví a preguntar porque era
evidente que aquello los incomodaba.

Al volver a casa, no podía dejar de pensar en cómo era posible
que ninguno de ellos me hubiera dicho tres cosas buenas (¡ya
no digo malas!). ¿Qué significaba eso? Probablemente, que ninguno se había parado a conocerse, a reflexionar sobre sus valores o a
preguntarse sobre lo que de verdad le apasionaba. O que, tal vez,
lo había hecho de una forma muy superficial. Que no se me malin-
terprete: ¡eran chicos majísimos, no es ninguna crítica hacia ellos!
Precisamente pensé que se estaban perdiendo un mundo interior
fascinante por no querer conocerse.

Desde mi experiencia, **cuando te conoces es como ganar superpoderes**. Porque tú mismo conoces tus limitaciones,
tus virtudes, tus defectos y, a partir de ahí, puedes trabajar y llegar al
amor propio. Yo hablo mucho sola, me cuestiono constantemente,

reflexiono acerca de mis metas y cómo alcanzarlas, y también sobre cómo me estoy sintiendo y cómo me afectan las cosas. Pensarás que soy una intensa. Puede ser, pero sin este conocimiento de mí misma no habría logrado nada de lo que tengo hoy. Además de escucharme, claro, me pongo en acción e intento corregir aquello que no me gusta. Pero ¡ojo con esto! A veces la confianza da asco, y, como no vamos a tener con nadie la confianza que tenemos con nosotras mismas, podemos llegar a criticarnos y autosabotearnos, lo cual no va a ayudar en nada a que tengamos una autoestima fuerte. Yo lo he hecho, todas lo hemos hecho, pero no es el camino.

Elige bien las palabras que te dedicas a ti misma. A veces somos demasiado autocríticos y dialogamos con nosotros mismos sin una pizca de compasión. Estate atenta a si te dedicas perlas como «no sirvo para nada» o «nunca lo voy a poder hacer bien». ¿Qué tal si lo cambias por «estoy aprendiendo, poco a poco voy a ir mejorando»? Ser compasivo tiene beneficios, ya que nos aporta calma, propicia que tengamos más amor propio y que mejoremos nuestro rendimiento. Para reconocer si estás siendo demasiado dura contigo, pregúntate si le hablarías así a un amigo tuyo. Si la respuesta es no, ponte manos a la obra para convertir la negatividad en amabilidad.

Aquí va otra confesión. Cuando tomé la decisión de emprender, era buena con todo el mundo menos conmigo misma. Las personas de mi equipo estaban contentas y a gusto, pero yo no podía parar de autoexigirme y de hacerme daño. Era mi peor jefa posible y toqué fondo, como te contaré en otro capítulo. Pude salir de allí solo cuando me di cuenta de lo mal que me estaba tratando y de que me tenía que tratar a mí como lo hacía con mis amigos o mi equipo. Hice clic y empecé a relajarme y a no machacarme tanto. Eso me hizo ser más productiva y ganar seguridad a la hora de tomar decisiones relacionadas con el emprendimiento. Así que comprobado: hablarse y tratarse bien funciona.

CUÍDATE PARA QUE TE CUIDEN

Además de mejorar la opinión que tenemos sobre nosotros mismos, la seguridad también hace que los demás ajusten la suya. Cuando proyectas confianza las otras personas te tratan como tú mereces, tal como quieres que te traten. Si vas en un coche que está lleno de desperdicios, una bolsa de ganchitos, papeles por el suelo y alguna que otra colilla y te entra hambre, sacarás el bocadillo que llevas y te lo empezarás a comer sin ningún reparo. Te dará igual si llenas el coche de migas, total, ya está sucísimo. Además, la persona que conduce no tendrá forma de saber que has sido tú, ya que mucha gente ha hecho lo mismo y ha dejado allí su basura.

Ahora, imagínate que te subes en ese mismo coche, pero que está limpio y reluciente. El salpicadero brilla tanto que puedes ver tu reflejo y todo huele bien. Cuando entres con tu bocadillo, preguntarás al conductor si le importa que comas y, si te dice que adelante, vigilarás mucho que no se te caiga ninguna miga. Si ensucias, aunque sea un poquito, el dueño del coche no tendrá ninguna duda de que has sido tú.

Pues el coche son las personas y ese bocadillo son los problemas que cada uno arrastramos. ¡Boom! ¿Cómo te quedas? La moraleja es que debemos cuidarnos si queremos que nos cuiden.

Y, cuando hablo de cuidarnos, me refiero tanto a nuestra mente como a nuestro cuerpo.

No caigas en la trampa de pensar que cuidar el cuerpo es algo superficial. Una cosa es obsesionarte con la imagen y otra muy distinta es no vigilar tu salud, lo cual pasa por la alimentación, el ejercicio físico y el sueño. Lo siento si esperabas que te dijera otra cosa, pero, amiga, esto también es importante. Además, no me puedes negar que te ves mejor cuando sientes que has gastado energía entrenando, has seguido una buena alimentación y te has preparado el mega *outfit* del día. ¡Ahí eres imparable!

Soy una fiel defensora de que el físico no importa, en el sentido de que no importa si no es el mío, ya que sé que el valor de una persona no se puede medir por lo atractiva que sea (además, que en cuestión de gustos es todo muy subjetivo), peeero, cuando se trata de mí misma, sí me importa. No te voy a engañar. Recuerdo que cuando perdí una barbaridad de kilos por culpa de la enfermedad de Crohn no me reconocía. Era como si ese cuerpo que observaba en el espejo no fuera el mío y me sentía muy vulnerable. Me daba vergüenza que me vieran así, y mostrarme sin ropa era impensable. Yo no había decidido adelgazar y, a pesar de todo, me avergonzaba. Con el tiempo, a medida que fui aprendiendo cómo sobrellevar la enfermedad y con mucho trabajo de aceptación, fui haciendo las paces conmigo misma. Poco a poco, también fui recuperando esos kilos que me hacían feliz.

Esa imagen mental que nos hacemos, el cómo nos vemos, por decirlo así, tiene un nombre: autoimagen. La autoimagen es la percepción que tenemos sobre nosotros mismos en términos de apariencia física, habilidades, logros y otros aspectos personales. Si tienes una autoimagen positiva, tendrás una mayor autoestima y bienestar emocional. Por contra, si la tienes negativa, puede contribuir a una mayor ansiedad o a una falta de motivación. Si nos centramos en el aspecto físico, es obvio que no podemos cambiar cómo somos, pero sí que podemos hacer cosas para mejorar cómo nos vemos. Es fundamental que recordemos que **lo importante es cómo nos sentimos con nuestro propio cuerpo, no cómo es**. Por lo tanto:

- **ACÉPTALO Y VALÓRALO.** ¿Te acuerdas de que la perfección no existe? Pues aplícalo también a tu cuerpo. Sé amable con él, aunque haya algunas cosas que quieras trabajar.
- **NO TE COMPARES.** Todos tenemos nuestro camino, así que no tiene sentido buscar parecerte a alguien con otro *background*.
- **CUÍDALO.** El deporte ayuda a despejar la mente, a liberar endorfinas, a mejorar la autoestima. Sus efectos no se que-

dan en el espejo, sino que van directos a nuestra cabecita. A mí me ayuda a relajarme y, cuando veo que cada vez puedo levantar más peso o que tengo más resistencia, ¡menudo subidón! De repente me siento invencible.

En esa autoimagen de la que te hablaba también entra la forma de vestir. Por ejemplo, a mí me gusta verme divina siempre y, por eso, aunque no vaya a salir de casa, me lo curro. ¿Significa esto que estrene modelito cada día y que no pueda vivir sin maquillaje? No. Pero sí sé que para estar a gusto conmigo misma tengo que sentirme especial con lo que llevo puesto. Quizá a ti no te afecte (en esto, como en todo, conocerse a uno mismo es la clave), pero, si sabes que tu look sí que incide en tu estado de ánimo, ¡pues a por un *outfit* épico y a darlo todo!

Seguro que si me sigues en las redes te habrás dado cuenta de que tengo mil estilos. Hay veces que saco mi Andrea empresaria, otras la Andrea deportista, la Andrea gótica... Usar mi creatividad para pensar qué ponerme me hace feliz, tanto durante el proceso como con el resultado final. Por consiguiente, me da igual que me digan «yo no me lo pondría», porque justamente es esto: tú no te lo tienes que poner, me lo tengo que poner yo. Porque, amiga, lo hago por mí.

Y con toda esa seguridad y toda esa autoestima, ¡a por la segunda parte del libro!

TE

TR

NDRÁS QUE ABAJAR

CAPÍTULO 8

VISUALIZA, PIENSA Y CREA

Para que suceda, primero hay que soñarlo.

Seguro que tienes una meta, un objetivo, una ilusión. ¿Sabes que lo que no se dice es como si no existiera? Pues con los sueños pasa lo mismo. Alguien me dijo en algún momento que soñarlo era la primera parte del proceso. Si no lo imaginas, no lo visualizas. Y, si no lo visualizas, no lo puedes cumplir.

Para empezar a crear primero hay que soñar, imaginarlo con todas nuestras fuerzas y creer que puede suceder. Y, obviamente, como con creer no basta, hay que trabajar para que suceda. Por este motivo, me he propuesto que esta sea la guía perfecta para que cumplas tus metas. Pero, primero, definamos cómo tienen que ser estas metas.

¿Has escuchado alguna vez que los objetivos tienen que ser SMART? Esta palabra, además de significar en inglés «inteligente», es un acrónimo y se refiere a que los objetivos tienen que ser específicos (*Specific*), medibles (*Measurable*), alcanzables (*Achieva-*

ble), relevantes (*Relevant*) y definidos en el tiempo (*Time-bound*). Por ejemplo, no vale con decir «quiero aprender inglés». Para convertir esta meta en SMART tendrías que decir algo así como «quiero alcanzar un nivel C1 de inglés. Para medirlo me examinaré en la escuela de idiomas. Es un objetivo alcanzable porque, aunque mi inglés esté oxidado, no tengo un nivel bajo. Es relevante para mí porque podré comunicarme mejor con mis futuros clientes. Dentro de un año tengo que haber hecho el examen». Si desgranas tus sueños y consigues que cumplan con estas cinco reglas, ya tienes mucho ganado.

Otro aviso: empieza por algo pequeño. Es decir, cuando sueñas en grande es muy difícil pensar en que los objetivos sean específicos, medibles en el tiempo, etc. En cambio, si este sueño enorme lo divides en varios sueños más pequeños y los trabajas uno a uno, es más sencillo que los alcances. **Nadie puede aprender a correr si aún no sabe andar. ¡Mucho menos si lo que buscar es volar!**

Con esto en mente, toca empezar a hacer el ejercicio de visualizar. Es parecido a lo que te he contado sobre imaginarte una vida de Barbie, aunque esta vez vamos a poner toda nuestra creatividad a trabajar. Te presento la herramienta mágica que hará que todo cambie: el *vision board*. Como su nombre indica, es ni más ni menos que un tablero de visión donde pondrás tus sueños en forma de fotos, dibujos o ilustraciones. No sé qué estudio científico hay detrás, aunque tiene pinta que ninguno, pero te prometo que su poder es muy fuerte: yo llevo dos años usándolo y es increíble todo lo que me ha ayudado.

¡A POR ELLO!

Tu *vision board*

Hay mil formas de crear un *vision board*, pero yo te contaré la que a mí me ha servido.

- Decide si quieres hacerlo en analógico o digital. Si escoges la primera opción, podrás recortar fotos de revistas, poner pegatinas, dibujar... Pero, si decides crearlo digitalmente, será cuestión de que busques las fotos inspiradoras en Pinterest o en páginas que te gusten; siempre puedes imprimirlo y así tendrás un dos en uno. En cualquier caso, lo más importante es que antes de ponerte manos a la obra decidas dónde lo vas a colocar. Es vital que esté en un sitio bien visible. Si lo tienes en físico, cuélgalo en tu habitación. Y, si lo tienes en digital, póntelo de fondo de pantalla en tu ordenador. En caso de que pases un montón de tiempo en la cocina, ¿por qué no lo cuelgas en la nevera? Cuando hayas decidido cuál de los dos métodos prefieres y qué espacio va a ocupar, ponte a ello.

- Divide una hoja en diez columnas (a la hora de elegir el tamaño de la hoja, ten en cuenta el espacio disponible donde vas a poner tu *vision board*). Cada una de las columnas corresponde a una de estas categorías: «Aprendizaje», «Carrera y profesión», «Salud física», «Riqueza y dinero», «Viajes y experiencias», «Amor», «Cosas materiales», «Crecimiento personal», «Amistad» y «Gracias». Escribe los títulos de categoría en cada columna.

- Debajo de cada una de las categorías, escribe de forma muy precisa tus objetivos (recuerda, que sean SMART).

- Después de escribir un sueño concreto, busca una o varias imágenes que lo representen. Algo que muestre a la perfección lo que has escrito. Puedes inspirarte en Tumblr, en los perfiles de personas a las que sigas, aprovechar fotos tuyas...

- Lee atentamente estas descripciones para entender lo que va en cada categoría:

Aprendizaje: todo aquello que te encantaría aprender. Un idioma, una profesión, recetas de cocina, deportes, lecturas... Es un apartado que puede ser muy extenso, así que tómate tu tiempo.

Carrera y profesión: todo lo que quieres conseguir en tu trabajo o en tus estudios. Si quieres cambiar de trabajo, busca una imagen del trabajo de tus sueños. Y, si te gusta el sitio donde estás, quizá quieras un ascenso, mayor responsabilidad en la empresa o un aumento de sueldo. En cuestión de estudios, tal vez te propongas superar una asignatura, empezar una nueva formación, asistir a conferencias y charlas, realizar unas prácticas en el sector que te interesa...

Salud física: cómo te quieres ver y cómo quieres que te vean. Quizá sea hora de apuntarse al gimnasio, de conseguir nuevos hábitos en cuanto a la alimentación, de trabajar ese glúteo, de teñirse el pelo, de ponerse un aparato dental, de mandar por saco las lentillas y empezar a utilizar gafas. En mi caso, una de mis metas sería mantener a raya la enfermedad de Crohn.

Riqueza y dinero: ha llegado el momento de apuntar cifras. Anota cuánto dinero quieres ganar al mes, cuánto va a haber en tu cuenta este año, cuánto serás capaz de generar y en qué vas a invertir parte de este dinero. Tú pon la cifra y el *vision board* se encargará de rellenar tu cheque.

Viajes y experiencias: piensa en países, ciudades y monumentos que quieras visitar y también en experiencias que no te quieres perder. Desde probar una comida exótica hasta tirarte en paracaídas, bañarte en aguas heladas o montar en helicóptero, ¡todo vale!

Amor: vamos a ponernos románticos y a pensar en esa relación idílica de pareja que te gustaría tener. ¿Quieres a alguien que te mime y te consienta, un amor sano y una relación independiente? ¡Pídelo! Tú mandas, corazoncito.

Cosas materiales: esta suele ser la parte más larga de mi lista. Tampoco te emociones, pero aquí toca pedir ese bolso, esa casa, ese coche, un sofá nuevo para el comedor... Es muy divertido porque es como hacer la lista de la compra. Piensa con cabeza y escribe una a una las cosas que vas a poder comprar este año.

Crecimiento personal: vamos a mejorar, como el buen vino. Cada año más y mejor. ¿Cómo quieres ser en el terreno emocional? Anota si quieres ganar autoestima, ser más cariñosa, más independiente, conseguir que los problemas no te afecten tanto, ser menos autoexigente, disfrutar más del presente, etc. Seguro que hay alguien cercano a quien admiras por su forma de ser y que te puede servir de inspiración para este apartado.

Amistad: ¿cómo sería tu grupo de amigos perfecto? ¿Te gustaría hacer nuevas amistades, conocer a personas que no te tengan envidia y te apoyen, quizá que vivan cerca? ¿Prefieres dos amigas del alma en las que puedas confiar al cien por cien o quieres un montón de amigos con los que compartir miles de experiencias? ¡También puedes quererlo todo! Piénsalo y elige las fotos que mejor lo representen.

Gracias: este apartado es para agradecer al *vision board* que nos ayude a cumplir todos nuestros propósitos. Reflexiona sobre qué le puedes ofrecer como vuelta de cambio y añade una foto que lo ilustre. Si consigues dinero, quizá querrás ayudar a tu familia; si aprendes algo nuevo quizá querrás enseñarle esta nueva habilidad a alguien cercano o recomendarle los libros que te han gustado. No hace falta ser Teresa de Calcuta, pero siempre hay que dar un poquito de todo eso bueno que recibimos.

• ¡Y ya está! ¡A ponértelo a la vista y a mirarlo cada día!

Bueno, quizá no está del todo. Has creado un mural chulísimo con todas tus prioridades y metas y las puedes visualizar todas de golpe, pero tengo una mala noticia: solo poniendo una foto de un tipo cachas en tu *vision board* no vas a conseguir ponerte fuerte; me temo que tendrás que apuntarte al *gym*. Aquí empieza la segunda parte, la de pensar cómo nos organizamos para cumplirlo todo. ¡Sigue leyendo!

El *vision board* puede ser milagroso, pero sin tu compromiso es papel mojado. ¡Toca organizarse! Mi recomendación es que dividas tu año en cuatro trimestres y, en cada uno de ellos, intentes incluir tiempo para tus viajes, tus proyectos y tu trabajo. El resto de las cosas llegará. Yo intento combinar estas categorías, pero en cada trimestre priorizo una por encima de las demás. Por ejemplo:

Los tres primeros meses no tengo tanto trabajo, así que a *full* con los viajes.

Los siguientes tres son más rutina, vamos a tope con el gimnasio y la alimentación.

Tres más para ponerme a aprender eso nuevo que me apetece.

Los tres últimos para darle caña al trabajo y a mi propio desarrollo.

La forma de organizarte el tiempo dependerá de tus obligaciones y es algo muy personal, pero lo importante es que, sea cual sea tu planificación, tengas una. Puedes reservarte una hora cada día para dedicarla a un objetivo, o puedes reservarte el fin de semana entero para ello, como prefieras. Para no agobiarte, sé realista y no te pases de optimista con tu tiempo. Más vale que dediques veinte minutos de tu día a cocinarte algo rico a que te propongas cocinar menús de tres platos, termines desbordada y al tercer día cuelgues el delantal para siempre y pidas a domicilio.

He dicho que el *vision board* hace magia, pero, en realidad, la magia la haces tú. Visualizar tus sueños te va a ayudar a no olvidarte de ellos y a recordarte por qué estás luchando y trabajando cada día, pero el impulso para hacerlos realidad va a salir de ti.

¿Te imaginas que un día miras tu *vision board* y te das cuenta de que ya no es una meta, sino que se ha convertido en tu vida? Va a ocurrir. Te lo prometo.

CAPÍTULO 9

LA SUERTE
SE TRABAJA

La suerte no conoce los acontecimientos; la suerte trabajada es el resultado de los acontecimientos.

Hace unos capítulos te conté que he practicado danza acrobática durante la mayor parte de mi vida. Desde que empecé cuando tenía ocho años, no sé la cantidad de días que he pasado en el estudio ensayando, practicando y afinando mis movimientos. La danza acrobática es una disciplina muy exigente porque combina una parte de danza clásica con una vertiente acrobática, y suele ser muy sorprendente para quien nunca la ha visto antes. Y, claro, el número no sale bien a la primera. Ni a la segunda.

Cuando de pequeña me salía por primera vez una nueva acrobacia, mi entrenadora siempre me decía: «Bien, te ha salido una vez, has tenido suerte. Ahora consíguelo diez veces más y empezaré a creer que sabes hacerlo». Siempre recuerdo esa frase porque resume algo que he aprendido a interiorizar y que ahora forma parte de mi manera de ver el mundo y entender el éxito: hay una gran diferencia entre suerte y suerte trabajada.

Vamos a decirlo ya: la suerte no depende de ti. Es algo casual, que pasa sin que nos demos cuenta. Llámalo azar, karma, que los planetas se han alineado, lo que sea. Implica que tú no has tenido nada que ver. Entonces, si es una casualidad en la que no podemos influir, ¿por qué no paramos de hablar de ella?

Coincidirás conmigo en que no es nada raro escuchar hablar de la suerte. Desde pequeños nos cuentan la fortuna que da encontrar un trébol de cuatro hojas o nos dicen que pisar una mierda no está tan mal porque eso significa que te irá bien el día. Por no hablar de la cantidad de leyendas que hay al contrario, justificando los reveses como «mala suerte». ¿Te has cruzado un gato negro? ¿Has pasado por debajo de una escalera? Y que no se te ocurra romper un espejo.

Mejor que hablar sobre la suerte, yo prefiero hacerlo sobre la suerte trabajada. ¿Cuál es esa? **Es la que uno crea para sí mismo.** Lleva un toque de fortuna, sí, pero importa mucho más el trabajo y el esfuerzo que hayamos puesto nosotros. Déjame explicártelo con un ejemplo que seguro que te suena.

Imaginemos que diez personas se presentan a un mismo examen tipo test. Cinco de ellas nunca le dieron demasiada importancia a ese examen y, como resultado, no tienen ni idea de la materia por la que se les está preguntando. En cambio, las otras cinco subrayaron el día en su agenda con fosforito nada más conocer la fecha, se lo pusieron como objetivo y llevan preparándose todo un año. Bien, ¿quién crees que tiene más posibilidades de aprobar?

Aquí entran en juego muchísimos factores. Puede que una de esas cinco personas que no sabe ni qué se le está preguntando tenga suerte y rodee justo las respuestas correctas. Podría pasar, aunque parece casi imposible, ¿verdad? Es que así es la suerte, casi un imposible. Tienen que unirse los astros, conseguir el caldero mágico de Merlín, la sangre de un unicornio y recitar en arameo el aserejé para que una de esas cinco personas apruebe ese examen.

Ahora centrémonos en los otros cinco alumnos, los que sí que han estudiado. Para uno de ellos ha tocado el tema que se había preparado a fondo. Las preguntas le resultan facilísimas, no tiene dudas para responderlas y se asegura el sobresaliente sin siquiera sufrir. ¿Esto es suerte o suerte trabajada? Ahí es donde yo veo la gran diferencia. Esta persona lleva meses estudiando y ha tenido la gran fortuna de que uno de sus temas favoritos fuera el tema del examen. Pero, aunque no hubiera sido así, tendría muchísimas más posibilidades de aprobar por el simple hecho de que ha estado dedicando tiempo a armarse de herramientas para cuando llegase ese día. Eso es suerte trabajada.

PEDIR PARA HOY O CONSTRUIR PARA MAÑANA

Hace un tiempo leí un libro que habla de la suerte y que ayuda a desmontar el mito de que ser afortunado o no será lo que marcará nuestra vida. Se llama *La buena suerte*, lo escribieron Álex Rovira y Fernando Trías de Bes, y se lee casi como un cuento con un montón de enseñanzas útiles. Mi frase favorita es esta: «La suerte no dura demasiado tiempo porque no depende de ti; la buena suerte la crea uno mismo, por eso dura siempre».

Cuando hablo de que la suerte se trabaja, me refiero a que eres tú quien puede generar esa situación de buena suerte, a que es mucho más fácil llegar a ese momento de fortuna cuando hay trabajo detrás. Tú no te vas a convertir en el mejor arquero por el simple hecho de tener un arco y flechas. No vas a dar en el blanco solamente teniendo el material. Tendrás que practicar día y noche para atinar en la diana. Serán horas de entrenamiento y muchos tiros fallidos hasta que cojas el truco a esto del tiro con arco, aprendas la posición correcta, conozcas la dirección del viento y calcules a qué distancia y velocidad necesitas lanzar esa flecha para acertar. En el momento en el que hagas diana, habrá quien diga que ha sido suerte, pero tú y yo sabemos muy bien que la suerte se trabaja.

Por eso me da mucha rabia cuando escucho a alguien decir «jo, qué suerte, qué bien dibujas», sabiendo que llevas años yendo a clases de arte. O «jo, qué suerte que sepas hablar inglés», cuando pasas tus tardes en una academia de idiomas. O «jo, qué suerte que te lleves así con tu pareja», cuando ambos habéis estado yendo a terapia para conseguir una relación sana.

Algo que me gusta pensar, sobre todo en los días en los que a pesar de todo el trabajo las cosas no salen como me gustaría (sí, lo siento, de esos también hay), **es que apostar por la suerte trabajada me da recompensas a largo plazo**. Depender de la suerte implica dejar tu vida en manos del azar, creer en la suerte trabajada significa construir para ti misma. Si yo, por ejemplo, quiero hacer las mejores tortitas, puedo mezclar ingredientes a lo loco y cruzar los dedos por si tengo la suerte de que salga la masa

No es cuestión de suerte. Es estar en el momento adecuado, en el sitio correcto, con el conocimiento necesario.

perfecta y que además se cocinen al punto justo. Quizá salgan unas tortitas espectaculares, pero será solo porque la suerte lo habrá querido así. Y el día que quiera repetir, tendré que volver a cruzar los dedos y desear que se repita el milagro. Porque ya sabemos que seguramente la probabilidad no estará de mi lado.

En cambio, si decido crear mi propia suerte, lo primero que haré será leer unas cuantas recetas y buscar los mejores consejos. Me compraré algún libro de cocina recomendado y dedicaré varios días a probar qué mezcla de ingredientes sale más rica. Aprenderé a integrarlo todo bien, veré si tiene que reposar, etc. ¡Y luego todavía tendré que practicar en la sartén para que ni se quemen ni se queden crudas! Con la práctica, me irán saliendo unas tortitas cada vez más ricas. Y el día que quiera repetirlas no tendré ningún miedo en invitar a desayunar a mis amigas y prometerles que les van a encantar, porque habré construido mi suerte. Ahora, en lugar de algo puntual, tendré una recompensa para toda la vida.

Espero que no olvides nunca que la suerte se trabaja.

Te dejo un tip para la próxima vez que alguien te diga: «Jo, qué suerte que sepas cocinar». Primero coge aire porque sí, amiga, hay que tener paciencia para aguantar a esta gente. Y después respóndele que esa suerte es toda tuya porque tú la has creado. Y, mientras le sirves una tortita, enséñale esa frase que dice que «la primera tortita siempre es un desastre». Las mejores siempre están por venir mientras tengas la valentía y la voluntad de seguir intentándolo.

CAPÍTULO 10

TÚ TAMBIÉN TIENES 86.400 SEGUNDOS. ¿QUÉ VAS A HACER CON ELLOS?

La vida es eso que pasa mientras buscas tiempo para vivir.

Nunca serás tan joven como ahora mismo. El tiempo no vuelve, no se puede comprar, solo avanza y nosotros avanzamos con él. Nadie puede conseguir más del que tiene, y este avanza para todos a la misma velocidad. Solo nos queda aprender a utilizarlo.

En un día hay 86.400 segundos y tenemos que pensar qué queremos hacer con ellos. Según cómo los utilicemos, conseguiremos sentirnos más productivos, lograr nuevas metas, alcanzar los objetivos que nos habíamos propuesto o simplemente dejar que se consuman y se agoten al final de cada día sin haber conseguido nada. Recuerda, el tiempo es el mismo para todos, son las circunstancias las que son diferentes en cada caso. Algunas de esas circunstancias son invariables y otras está en tu mano cambiarlas.

En el capítulo anterior hemos hablado de la suerte trabajada y de lo importante que es crear tus propias oportunidades. Para construir cualquier cosa (un proyecto, un cambio en ti misma que te haga mejor, etc.) siempre hay que ponerle esfuerzo, voluntad, ganas y, sí, tiempo. Nada ocurre de la noche a la mañana. Así que, antes de pasar a ver algunos trucos para encarar cualquier proyecto personal, déjame recordar lo importantísimo que es valorar tu tiempo y el de los demás.

¿Te suena eso de que hay trenes que solo pasan una vez en la vida? No me voy a meter en cuánto creo o no en esa frase, porque ya hemos visto que si construyes pensando en el largo plazo serás capaz de hacer aparecer tus propias oportunidades, pero hay algo que sí merece la pena que le demos un par de vueltas. ¿Cuál es la mejor forma de perder un tren? Exacto, ¡llegar tarde! Por eso, para mí, la puntualidad es una responsabilidad.

No puedo con la gente que llega tarde, y me he sentido realmente avergonzada cuando me ha pasado a mí. **El tiempo es oro y si cualquiera decide disfrutar del suyo contigo, hay que saber estar a la altura.** Llegar tarde me parece una falta de respeto enorme, porque yo sí que sé lo que cuesta mi tiempo, ¿cuánto cuesta el tuyo? Si estamos acostumbrados a pensar en que, en nuestro trabajo, cada hora vale dinero, ¿por qué no pensamos igual del tiempo de los demás cuando les hacemos esperar? La próxima vez que vayas a llegar tarde, plantéate si harías lo mismo si estuvieras yendo a coger un vuelo para empezar el viaje de tus sueños. ¿Te lo habrías perdido? Si la respuesta es no, entonces es que eres perfectamente capaz de ser puntual cuando es tu tiempo el que está en juego. Y no está bien que no lo seas cuando el que está en juego es el tiempo de los demás.

El momento de empezar es ahora, con lo que quieras, con lo que te ilusione, con lo que necesites.

Si aun así llegas tarde en algún momento ocasional (que puede pasar), sobre todo aprende a pedir perdón. No cuesta nada y harás saber a la otra persona que su tiempo es valioso y que estás muy agradecida por que decida compartirlo contigo.

LA DOMADORA DEL TIEMPO

Vale, ya tenemos dominado lo de llegar puntual, perfecto. Entonces ¿por qué todavía sentimos que vivimos corriendo y que cada día es agotador? Todo esto viene de una mala gestión del tiempo, quizá un fallo al estimar cuánto nos va a costar cumplir alguna tarea o al calcular el número de recados que podemos llegar a hacer en una mañana. Aún no sabemos dominar esos 86.400 segundos y dejamos que sean ellos quienes nos dominen.

Yo prefiero despertarme dos horas antes de entrar a trabajar, disfrutar de mi mañana, de mi café y de mi casa, a dormir algo más porque anoche me acosté tarde y tener que correr, no llegar a nada, enfadarme porque hay tráfico... Claro que hay situaciones que se escapan de nuestro control o problemas inesperados que interrumpen nuestra planificación y no nos queda otra que llegar tarde a lo siguiente o ir algo más agobiados. Pero esa no debería ser la norma. Vivir contrarreloj es estresante, agotador y muy sufrido.

Si te has acostumbrado a ir corriendo a todas partes y aun así no llegar a nada, es posible que te cueste imaginar un cambio radical que te haga pasar de eso a ser dueña de tus días. No pasa nada, vamos paso

Vivir controlando el tiempo te hará sentir que tienes mucho más poder sobre él y que vais de la mano cada día.

a paso. ¿Qué tal empezar por tus mañanas? Te pongo un ejemplo: en mi caso, que soy una coqueta, me ayuda mucho dejarme preparado la noche anterior el look del día siguiente. Es algo que, si no estoy inspirada, me ocupa al menos unos minutos muy valiosos cada mañana y, sinceramente, ¿quién está inspirado a las 7.30? Para mí dejar esa tarea hecha el día anterior ya me ayuda y me hace la vida más fácil.

Puede ser tener la comida lista para llevártela al trabajo, haber ordenado el comedor la noche anterior, preparar el bolso con todo lo que vas a necesitar hoy, la lavadora llena para solo tener que ponerla en marcha. **Estoy segura de que hay mil pequeños cambios que puedes activar para encontrar la forma perfecta de optimizar tu día, tu tarde y tu noche.** Créeme, elegir el ritmo con el que empiezas cada día puede cambiarte el ánimo más de lo que imaginas. Te propongo un ejercicio para que comiences a notar el poder de controlar el tiempo.

¡A POR ELLO!

Tiempo para ti

Dedica unos minutos a repasar tu rutina entre que te levantas y te vas a trabajar, a estudiar, o a la actividad que llena tu agenda. Ese tiempo intermedio entre salir de la cama y ponerse a hacer otra cosa pueden ser segundos perdidos o segundos invertidos en ti misma.

Elabora una lista de los pasos que cumples cada mañana y, para cada uno de ellos, hazte estas preguntas: ¿lo puedo hacer antes o lo tengo que hacer por la mañana? Si puedo adelantar algo, ¿cómo y cuándo lo haré? ¿Qué parte me faltará por cumplir al despertarme? Por ejemplo:

ACTIVIDAD	¿Lo puedo hacer antes?	¿Cómo y cuándo?	¿Qué me falta por hacer?
Desayunar	NO (escríbelo directamente en la última columna)		Desayunar
Pensar el look y vestirme	SÍ	Probarme *outfits* y elegir la noche anterior	Vestirme con la ropa ya elegida

Ahora completa esta tabla con todas tus respuestas. Piensa bien en cada paso de tu mañana, no te dejes nada. En la última columna aparecerá la agenda para tus nuevas mañanas. ¡Disfrútalas!

ACTIVIDAD	¿Lo puedo hacer antes?	¿Cómo y cuándo?	¿Qué me falta por hacer?

TU *BULLET JOURNAL*

Después de muchos años, pruebas y prácticas, creo que he encontrado un método eficaz para trabajar con mis 86.400 segundos. He gastado varios *bullets journals* en el proceso, pero puedo decir que ya soy una maestra del tiempo. Y te voy a contar todo lo que he aprendido en el proceso. Es verdad que cada persona tiene unos horarios, una vida y unas circunstancias, pero, sea como sea tu rutina, ideas como esta te convertirán en alguien mucho más productivo.

Necesitarás una libreta en la que cada día apuntarás las tareas de esa jornada, desde entregar el trabajo de una asignatura o empleo hasta cosas tan obvias como comer, ducharte, poner el lavavajillas, recoger el abrigo de la tintorería, hacer la compra, ir al cine o quedar para cenar. Puede parecer un poco loco incluirlo todo, pero es totalmente necesario. Todas y cada una de esas tareas van a ocupar tiempo en tu día, así que es importante que aparezcan en ese folio diario para organizarlas de forma más visual en nuestra mente. A partir de hoy, esa libreta va a ser tu compañera de vida. Digo libreta porque yo soy muy fan de escribir en papel (¡aún mejor si es una libreta bonita!), pero pueden ser también las notas de tu teléfono, tu agenda o el ordenador. Algo que vayas a tener a mano durante el día y a lo que puedas recurrir.

Ahora que ya tenemos la lista de tareas escrita en negro en nuestra libreta, coge un color que te encante y te dé satisfacción para marcar tus tareas como realizadas cuando las hayas completado (yo siempre elijo el verde). Aquí unas normas: no puede ser el mismo color negro y nunca, jamás, bajo ningún concepto, tacharemos esa

No te castigues por que el tiempo siga corriendo, disfruta de saber que tú ya has empezado a caminar con él.

tarea terminada. Tachar tiene una connotación muy negativa y **no necesitamos cosas negativas en nuestra lista**, así que queda prohibido. Cuando completemos una, la marcaremos en el lateral con un *check* en color o la subrayaremos sin taparla por completo.

> **Puedes apuntar tus tareas por orden de importancia, de urgencia, de facilidad, de horario... Tú mandas. Cada persona tiene SU MÉTODO IDEAL y nada te sentará mejor que descubrir cuál es el tuyo. No dejes que otro determine cuál es la mejor opción para ti. Recuerda, ¡no hay nada malo en romper moldes!**

Bien, ya tienes tu lista de tareas y tu color elegido para hacer el *check*. ¿Qué pasa si no cumples alguna de ellas porque ese día no te da tiempo? Vas a flipar con lo que sucede ahora. Pasas la página y apuntas esa misma tarea para el día siguiente. PUM, GUAU, MAGIA. Lo sé, estás flipando. Pero es que a veces la mejor herramienta es también la más simple.

Es tu lista, quiero decir, es tu tiempo, así que organízalo para hacerte la vida más fácil. Aunque lo queramos hacer todo, sé realista también y, sobre todo, no te frustres si no te da la vida para cumplir esas mil tareas que te habías marcado. Mañana vuelve a haber otra página, otros 86.400 segundos y otra oportunidad de organizarte y hacerlo.

CAPÍTULO 11

ANTES DE EMPRENDER: APRENDER

En el libro de nuestra vida, cada experiencia vivida es una página que nos acerca al capítulo del éxito.

Antes de ser mi propia jefa estuve trabajando para diferentes jefes. A uno ya te lo he presentado, es el que no había forma de que nos pagara a tiempo las horas, pero hubo más, bastantes más. A los quince años empecé como profesora de danza acrobática. Ya te he contado que desde los ocho iba a clases de danza, acrobacia, clásico, urbano, flamenco... ¡A la mínima me veías en el patio del colegio dando volteretas! Aquello me encantaba. Por lo tanto, cuando de mayor comencé a impartir clases, era el trabajo de mis sueños. Mis alumnas eran desde niñas superpequeñas de dos añitos hasta sus mamás, que me sacaban veinte años. Poco a poco fui ganando responsabilidad hasta que llegó el día en el que empecé a dirigir la academia de danza.

Sin embargo, esta no era mi única fuente de ingresos. Por las mañanas estudiaba y por las tardes trabajaba en la academia. En lugar de aprovechar los fines de semana y las vacaciones para descansar, seguía trabajando. ¿Que no hacía falta? Seguramente. De hecho, me he llegado a plantear qué me gusta más, si trabajar o el dinero que me da y, viéndolo en perspectiva, creo que hay un poco de ambos. Quería ganar independencia y tener dinero para mis gastos, así que encadené un montón de trabajos. Estuve de lavaplatos en una casa de comidas, de taquillera en uno de los festivales más grandes de España, de cuidadora de niños en comuniones, de monitora de campus, de camarera en un bar; incluso tuve un trabajo en un supermercado gourmet que consistía solo en acompañar a los clientes a su mesa (suena bien, pero cuando llevas dieciséis horas de pie ya no sabes dónde meterte). En resumen, lo de trabajar me lo sé.

La danza era mi trabajo vocacional, el que me hacía feliz, y ninguno de los demás trabajos eran mi sueño. Tenía muy claro que eran algo temporal que me permitía comprarme un nuevo ordenador, pagar las letras del coche o salir a cenar con mis amigas. A pesar de no ser lo que más me motivaba, nunca iba a trabajar desganada. Creo que, por mi actitud, todos los trabajos que me iban saliendo eran por el boca a boca y por recomendaciones. Me da vergüenza admitirlo, pero jamás hice un currículum; y eso es porque tuve la suerte de que me iban llamando para estos curros puntuales (y, si no lo hacían, tenía las clases en la academia). He dicho «tuve la suerte», pero está claro que la suerte me la trabajé.

LA ACTITUD LO ES TODO

En todos mis trabajos llegaba más puntual que el jefe y siempre recibía a los clientes con una sonrisa. Y ¿sabes qué más? También sacaba a relucir mis dotes de interpretación. Me ponía el disfraz de Andrea camarera, Andrea monitora, Andrea lo que fuera y lo daba todo por la causa.

Te vas a reír. Llevo años sin comer carne porque desde que me diagnosticaron la enfermedad de Crohn me di cuenta de que mi digestión mejoraba mucho cuando no la consumía. Un apunte: esto es una decisión personal, a mí me ha funcionado, pero es probable que a otra gente no. No soy vegetariana porque como pescado y, por supuesto, no tengo nada en contra de la gente que come carne. Total, que empecé a trabajar en un asador de camarera. Los comensales me pedían recomendaciones a menudo, así que me hice experta en la materia. «¿Cómo te gusta, hecho, muy hecho, al punto?». «Si te gusta la carne un poquito más grasa yo tiraría por una carne roja». «Déjame que te recomiende el chuletón, lo servimos sobre una placa metálica con brasas para que te lo puedas cocinar directamente en la mesa». ¿Cómo sabía yo que el chuletón estaba tan rico? Pues no lo sabía, pero cada uno valía ochenta euros y teníamos cinco en la nevera que necesitábamos vender si no queríamos que se echaran a perder. Obviamente, esto no se lo decía al cliente. Me convertí en la reina de vender un producto que ni siquiera consumo; fue algo tan tonto como esto lo que me hizo darme cuenta de que tenía potencial. Esta frase empezó a resonar en mí: **soy capaz y quiero tener mi propia empresa**.

Lo que te quiero decir es que en los sitios más insospechados y en experiencias que a priori no nos parecen nada del otro mundo, acabamos descubriendo cosas de nosotros mismos que son cruciales. Todas las horas que eché en trabajos que no eran de lo mío me llevaron a adquirir aptitudes que, a la larga, me han servido para mis proyectos más personales. ¡Pero vayamos al principio!

CUANDO LA VIDA TIENE OTROS PLANES

Cuando me diagnosticaron la enfermedad de Crohn, ya te he contado que mi vida dio un vuelco. Yo pensaba hacer lo que cualquier chica de mi edad, esto es, sumergirme en el maravilloso mundo del bachiller. Pero la vida tenía otros planes para mí y, al empezar el curso ingresada en una cama de hospital, me resultó imposible seguir las clases y tuve que aceptar que perdía la plaza. A medida que me fui recuperando, pude tener un poco de rutina en mis días. Por las tardes me iba a la academia a dar clases de danza, pero por las mañanas no sabía qué hacer. Recuerdo que se me hacían eternas y, como soy un culo inquieto, no sabía dónde meterme. Al final, me apunté al carnet de moto porque aún no podía sacarme el de coche y, por lo menos, me iba aprendiendo la parte teórica.

Aun así, me aburría. Y empecé a hacer vídeos para YouTube. Apoyaba el móvil sobre el soporte del papel de cocina, lo pegaba con cinta adhesiva en cualquier rincón de la casa si necesitaba un trípode, y empezaba a hacer lo que más me gusta: hablar.

Por suerte para vosotros (¡y para mí!) estos vídeos están en oculto y no los puede ver nadie. Incluso ponerse delante de una cámara es algo que se puede mejorar, porque ya te digo yo que en mis primeros vídeos no me parecía nada a la Andrea desvergonzada que conoces hoy. Aunque tenía pocas visualizaciones, me lo pasaba genial.

Que los planes no salgan como tú quieres no significa que hayan salido mal.

Sacaba mi vena más creativa y me ponía a editar, crear guiones, apuntar ideas, pensar títulos. A pesar de que no era lo que tenía planeado en un principio, pensé que tal vez no era tan mala idea no seguir con el Bachillerato. Si lo que estaba haciendo era lo que de verdad me apasionaba, ¿por qué no me ponía a estudiar algo relacionado con eso?

Así fue como descubrí que existía un grado medio de Imagen y Sonido, y ahí que me apunté. Fue cuando cursaba estos estudios que conocí a Lucas, quien hoy es mi socio en Myagleet, mi empresa de zapatos. ¿Te lo puedes creer? **Lo que inicialmente parecía un problemón se acabó convirtiendo en una cadena de acontecimientos que me han llevado a donde estoy hoy.** Y lo mismo con los trabajos que tuve mientras estudiaba: ¿me habría dado cuenta de mi potencial comunicativo y de prescripción, claves en una empresa como Myagleet, si no hubiera tenido que servir chuletas en un restaurante?

Le estuve dando muchísimas vueltas al asunto y me preguntaba constantemente hacia dónde debía seguir con mi vida profesional. Tenía claros mis puntos fuertes y quería explotarlos con alguna de las ideas de negocio que se me pasaban por la cabeza. Cuando al fin tomé la decisión de crear mi propia empresa, supe que quería que Lucas estuviera en mi equipo. Reservé mesa en un sitio bonito y llevé al que hoy es mi socio para comunicarle la noticia. No íbamos ni por los postres cuando no pude más y le dije: «¡Quiero emprender!». Él, sin saber si íbamos a vender zapatos o chinchetas me contestó: «¡Vamos a por ello!». La semana siguiente ya teníamos el nombre, el logo y hasta el eslogan.

MY significa que es tuyo y, cuando lo nombras, ya formas parte de él.

AG son mis iniciales. Una es egocéntrica y tenían que estar en la marca.

AGLET significa «herrete». El herrete es la punta dura de los cordones (si has visto *Phineas y Ferb*, seguro que lo sabes).

Las dos **EE** son porque quedaba un logo minimalista guapísimo.

Ahora podría contarte cuánto vendo, lo que facturo, si nuestros últimos zapatos están inspirados en tal o cual tendencia; pero creo que lo importante de todo esto no es la empresa. Lo importante es que confié en mí y en mis aptitudes, y lo hice tan bien que fui capaz de que Lucas, proveedores, fabricantes, empresas de reparto y, a día de hoy, nuestro equipo, también confiaran.

CAPÍTULO 12

TUS MUEBLES DE IKEA, AMA LO QUE CREAS

Encontrar a alguien es el primer paso, construir una relación son los veinte siguientes.

¿Tienes algún mueble de IKEA en tu casa? En la mía hay varios y apuesto lo que quieras a que en la tuya, en la de tus padres o amigos también habrá alguno que otro. Quien no tiene una estantería de la marca sueca tiene el mueble de la tele, el somier de la cama o la mesa. Lo de independizarse y hacer una primera visita a IKEA para amueblar tu casa desde cero es casi un ritual de iniciación.

Así que, sí, lo has adivinado. Yo también tengo unos cuantos. No solo eso, es que podríamos decir que tengo el título oficial de montadora. Ya está tardando IKEA en enviarme un diploma, porque las horas que he dedicado a montar cada uno de esos muebles no son pocas. Y más cuando te toca volver a empezar por algo que no encaja, por un tornillo que sobra o porque esa primera pieza que pusiste cuando estabas todavía animada y feliz está colocada justo al revés.

Pero ya hemos hecho la inversión en ese mueble, que lo suyo nos ha costado ahorrar, lo hemos sacado de la caja, hemos leído las instrucciones y pasado un buen rato intentando entenderlas. Ya no es que no nos vayan a aceptar la devolución, es que hemos invertido nuestro esfuerzo, tiempo y dinero en ese montón de tablas que deberían convertirse en nuestro nuevo mueble favorito. ¡Nada de rendirse! Volvemos a empezar a montarlo, esta vez con un poco más de cuidado y experiencia y GUAU, eso es, ahí tenemos esa cómoda perfecta para guardar los pijamas en el dormitorio.

Ahora que hablamos de IKEA, ¿sabes que su éxito comenzó cuando a su fundador se le ocurrió mandar los muebles desmontados para poder usar paquetes planos y abaratar así el coste del envío? Esto le permitió adelantar al resto de las empresas de muebles, que se dejaban muchísimo dinero en enviarlos ya montados. La clave del éxito fue pensar diferente, así que ya sabes, fuera el miedo a romper moldes ¡o a desmontarlos! Si estás dándole vueltas a una idea de negocio, inspírate en este ejemplo y piensa en qué puedes aportar que se diferencie de todos los demás.

Qué placer, qué orden, qué olor a nuevo, qué bonito, qué satisfacción. ¡Qué todo! Vale, queda un poco justo donde lo hemos colocado y, para qué mentir, está algo cojo, pero tampoco pasa nada, cumple con su función. Ahora es nuestro mueble favorito de la casa, porque lo hemos montado con nuestras manitas.

Puede que estés preguntándote qué hago hablándote de muebles y de carpintería. No, este no es un capítulo dedicado al diseño de interiores o a cómo hacer que nuestro salón quede más bonito. Lo que vengo a contarte es que hay personas en tu vida que son muebles de IKEA. ¿Cómo te quedas?

Me explico. Hay personas que llegan a nuestra vida ocupando poco espacio y sin montar, como los muebles de IKEA. De un primer vistazo es imposible saber en qué se pueden convertir, si combinarán bien con el resto de las cosas que ya forman parte de nuestro día a día, si nos llevarán mucho trabajo o no... Pero decidimos desembalar esa caja y cederle un espacio más grande en nuestra vida. Apostamos por descubrir las posibilidades que esconden y elegimos abrirlas y abrirnos también nosotros mismos a lo que esté por venir.

Y es que conocer a alguien es un poco eso, recibir un montón de piezas de un puzle e ir dedicando tiempo a entenderlas para poder montarlo. La amistad, así como el amor, ocupa un lugar privilegiado en nuestras vidas, y todo lo importante cuesta un esfuerzo. Aquí voy a recordar que las amistades se trabajan y se cuidan, que a veces parece que solo hablamos en esos términos si nos estamos refiriendo a nuestra pareja.

La amistad no se agradece, se corresponde.

Cuando conocemos a una persona nueva y decidimos hacerle hueco en nuestra vida, ponemos parte de nuestro aprendizaje en ella. Cuando hemos dedicado horas, días o incluso años de nuestra vida a completar las piezas que dan forma a esa persona, se nos hace mucho más difícil desprendernos de ella. Como con nuestra cómoda de IKEA, poco importa que el cajón no cierre, que cojee un poco o que de vez en cuando se le suelte un tornillo. Lo importante ya no es solo el mueble, ni mucho menos sus defectos, sino la historia que hemos ido creando a lo largo del tiempo. **Porque la amistad nunca es perfecta, lo importante es construirla juntos.**

Hay veces que nosotros podemos ofrecer ayuda a esa persona que ahora mismo está un poco rota, desmontada o con los tornillos sueltos. Le damos consejo o le ofrecemos un apoyo que hasta ahora no tenía y su triunfo se convierte un poco en el nuestro. Pero para que la amistad dure, toca aprender a escuchar, a perdonar y pedir perdón cuando la liamos. Créeme, si tienes a tus amigos cerca durante años, en algún momento saltará la chispa. Es entonces cuando debéis hacer valer vuestra historia en común y dejar el problema atrás.

DE LOS MUEBLES A LAS MOCHILAS

Sería mucho más fácil desprendernos de unos muebles cualesquiera de una casa en alquiler que de aquellos que montamos con todo el amor y el cariño para un piso que se convirtió en nuestro primer hogar tras independizarnos. Ocurre lo mismo con las personas que pasan por nuestra vida: todas van dejando su marca en nosotros y, para bien o para mal, puede costar separarse de ellas y de las cargas que nos dejan.

Todas las personas dejan su marca en nosotros.

Yo siempre he sido esa persona acostumbrada a poner todo de mí cuando quería ayudar a quien se cruzaba en mi camino. No me gustan las cosas intermedias: si te quiero voy con todo y haré lo que pueda para conseguir que estés mejor. Por eso a veces me ha tocado encontrarme de frente con personas que seguían acarreando historias, sensaciones o cargas que venían de sus experiencias del pasado.

Una vez conocí a un chico que me gustaba demasiado y empezamos a quedar. Tardé unas semanas en darme cuenta de que era una persona a la que, en esto del amor, claramente le habían hecho daño. Mentiras, cuernos, inseguridades... Había conseguido olvidarse de esa persona que durante un tiempo pensó que era SU persona, pero los recuerdos de todo lo malo seguían estando ahí. Había una lista interminable de problemas que venían del pasado pero que podían hacer que, en el presente, una relación fuera de todo menos sana.

¡Ojo con quienes intentan justificar sus *red flags* con historias del pasado! Entender de dónde salen tus comportamientos tóxicos es maravilloso y seguro que te ayudará mucho en terapia para desactivarlos, pero que tengas una explicación no es motivo para que me hagas pasar por ello a mí. Yo sé lo que valgo y cómo quiero que me quieran. ¡No lo olvides nunca!

Recuerdo que tuvimos una larga conversación al principio de conocernos. Si algo soy en esta vida es directa, y prefiero dejar las cosas claras para que no haya problemas después. Así que le dije: «Me gustas mucho y creo que yo también te gusto y por eso estás cagado de miedo. Tienes un muro enorme ante mí que no quieres que traspase para que no pueda llegar a tu corazón».

Fui así de clara porque ya no me quedaban dudas. Cuando lo miraba, podía ver a la perfección la mochila que llevaba a la espalda, allí donde guardaba las dudas, los celos, las inseguridades o el rencor. Todos los mecanismos que le habían salido cuando le hicieron daño y que, aunque aquella relación se hubiera acabado, ahora formaban parte de él. Digamos que alguien le había dado un golpe a ese mueble y ahora esa cicatriz seguía presente.

El problema es que, como le dije, si por lo que alguien te ha hecho le cierras la puerta a los siguientes (o los tratas tú mal, que para mí es lo mismo), nunca vas a poder ser libre. Nunca serás tú mismo, siempre estarás poniendo límites a tu felicidad y no dejarás que nadie te conozca. Nunca podrás volver a enamorarte y jamás dejarás que se enamoren de ti. **¿De verdad protegerte del daño pasado merece perderse todo lo bueno que viene?**

Yo tengo clara mi respuesta y así se lo dije:

—Pienso que nunca te han querido bien y lo estás pagando conmigo.

—¿Y tú me querrás bien?

—Yo siempre quiero bien.

CAPÍTULO 13

LOS PROBLEMAS NO SE SOLUCIONAN, SE ACEPTAN

Muchas veces nos esforzamos en encontrar una solución cuando, simplemente, tenemos que trabajar en la aceptación.

¿Cuántas veces nos hemos preocupado por algo? Aún no ha pasado nada, pero ya empezamos a maquinar historias en nuestra cabeza y a elucubrar cómo podremos gestionarlo. Nos agobiamos antes de hora y lo pasamos mal. Cuando caigo en esta trampa me repito una frase que me ayuda mucho: preocuparse es ocuparse antes de tiempo, y eso es imposible. Y es que no puedes ocuparte de algo antes de que pase, a no ser que tengas una máquina para viajar en el tiempo.

EL PODER DE DECIDIR

Te voy a contar algo. Hace un tiempo quedé con un amigo para ir a tomar un helado al salir de trabajar, pero justo ese día se alargó un poco la jornada y yo no estaba lista a la hora. Él venía a recogerme en coche y le dije que subiera a casa mientras yo terminaba de arreglarme, y así nos íbamos poniendo al día. Aparcó el coche y subió. En total, no tardé más de media hora.

Cuando salimos le habían roto la ventanilla del coche y se habían llevado todos los objetos de valor. No era mi coche, y aun así me puse muy nerviosa pensando en todas las pertenencias que le habían robado. Después de hacer el recuento de los objetos que ya no estaban, nos acercamos a la policía para poner una denuncia. Ya te imaginas el percal. Aunque sea un simple trámite, al final estas cosas llevan tiempo y un montón de papeleo. Al salir de comisaría, yo daba por hecho que mi amigo me diría: «Mira, estoy rayado, me voy a mi casa». Si me hubiera pasado a mí, seguramente no habría querido ver a nadie ese día y solo hubiera tenido ganas de tumbarme en la cama y llorar. Pues, cuando pusimos un pie en la calle, va mi amigo y me dice: «¿Nos vamos ya a tomar el helado?».

Helada es como me quedé yo. Jolín, ¡cuánto me quedaba por aprender! Le acababan de robar y le seguía apeteciendo el helado. Yo me habría empezado a hacer preguntas como «¿por qué aparqué ahí el coche?», «¿por qué no he venido andando?», «¿por qué no he sacado todo lo que había de valor?», «¿por qué no me he quedado dentro del coche esperando?» y un largo etcétera. Pero ¿de qué me habría servido plantearme todo esto? El robo ya había ocurrido, ya no tenía solución. **Y preocuparme por algo que ya había pasado y que no podía cambiar, ¿qué sentido tenía?** Habíamos puesto la denuncia y ahora solo quedaba cruzar los dedos y seguir adelante, ya no estaba en nuestras manos.

Gracias a mi amigo y al helado entendí que no lo podemos controlar ni gestionar todo. Él prefería merendar conmigo en lugar de revolcarse en la frustración, la rabia y el enfado porque sabía que ya no había mucho que hacer. Nada de lo que sintiera o hiciera iba a cambiar que le habían roto la ventanilla del coche. Y tampoco podía salir a buscar al ladrón. En cambio, tomarse ese helado marcaría la diferencia entre un mal día y un mal día con una recompensa dulce. Entre las dos opciones, lo tienes claro, ¿no?

Los problemas son un 20 por ciento lo que pasa y un 80 por ciento cómo te lo tomas.

Mi amigo tomó la decisión de no enfadarse por situaciones que se escapaban de su control y de no castigarse por sus acciones pasadas. Hoy en día, yo intento hacer lo mismo. Para una *control freak* como yo, no siempre es fácil, ¡pero te prometo que lo voy consiguiendo y que la sensación de alivio y ligereza que sientes es total!

A veces, cuando estoy muy agobiada, tengo tendencia a sumarlo todo. Me hago una lista mental de todas las tareas pendientes y me agobio aún más viendo que no llego a todo. A menudo, a esto se le añaden pensamientos del tipo «¿por qué aún no has terminado esto?» o «mira que eres lenta». Una estrategia muy tonta que me funciona es decirme: «Esto lo gestionará la Andrea de mañana; o de pasado mañana; o del futuro». Y, cuando digo esto, de repente ese problema ya no ocupa espacio en mi cabeza y dejo de darme con el látigo. Es verdad que me tendré que enfrentar a él mañana o pasado, pero por lo menos el agobio me habrá disminuido y podré terminar alguna de las tareas de hoy y ponerme con las otras en otro momento.

Muchas veces me preguntan cómo hago para estar siempre feliz. Para empezar, yo también tengo mis días y, aunque me gustaría que fuera verdad que siempre estoy bien, también sufro momentos de bajón. Aun así, sí que es cierto que la mayor parte del tiempo estoy contenta, y no es porque tenga una vida perfecta, porque no tenga problemas o porque pase de todo. No, es porque he decidido que no quiero vivir enfadada por situaciones que no puedo controlar. Es una decisión mía, personal, que no siempre es fácil de mantener, pero que me ayuda a estar en paz conmigo misma.

Cuando me encuentro en situaciones que se me escapan y tengo la tentación de desesperarme y rayarme de más, me digo a mí misma: «Si tiene solución no es un problema, y si no tiene solución, solo te queda aceptar el cambio. Así que deja de preocuparte y empieza a ocuparte de aquello que sí tiene solución». También me ayuda mirar esta chuleta de la siguiente página. ¡Úsala y compártela con el mundo, seguro que más de uno te lo va a agradecer!

¿Tienes un problema?

Sí ──────────── No

Sí

¿Puedes hacer algo al respecto?

Sí **No**

Entonces no te Preocupes

CAPÍTULO 14

LAS LÍNEAS ROJAS
DE LA EXIGENCIA

Cómo te trates dice mucho de ti.

**PUEDO CON TODO
Y SOY SUPERFUERTE Y PUEDO CON TODO
Y ME VA A IR DE PUTA MADRE
PORQUE ME MEREZCO QUE ME VAYA DE PUTA MADRE
VAMOS A POR TODAS**

He querido suavizar un poco, pero estas palabras son las que me gritaba a mí misma en uno de los trayectos Elche-Valencia al salir de un trabajo e ir corriendo hacia el otro. No hacía mucho tiempo que había abierto Myagleet, que empezaba a funcionar muy bien, pero no lo sentía todavía tan estable como para mudarme a Elche, donde tenemos la empresa, ni para dejar mi trabajo como profesora de danza en Valencia. O era lo que me repetía una y otra vez.

Da un respeto increíble plantearse dejar el trabajo de toda tu vida; si alguna vez has estado en una posición similar, estoy segura de que compartes mi opinión. Tener una estabilidad, unas horas fijas, un sueldo o una rutina son metas que casi nunca se consiguen de un día para otro y que implican que hemos metido ahí un esfuerzo importante. A veces, incluso cuesta dejarlo a cambio de un trabajo parecido pero mejor, simplemente porque estaríamos marchándonos de un lugar donde ya nos encontramos cómodos y tendríamos que enfrentarnos a una nueva oficina, nuevos compañeros, nuevas dinámicas... Pues ahora imagínate lo absurdo que puede llegar a parecer abandonar todo eso a cambio de montar tu propia empresa. De repente, pasas a preocuparte por mantener cosas como tus ventas, tus trabajadores o tu marca. Es sumergirte en el mundo de los quebraderos de cabeza que conlleva emprender y tener tu propio negocio.

Ya sabes que soy una curranta, y que por eso solía aprovechar las vacaciones para coger todos los trabajos que podía. No sé cuántos veranos me habré pasado trabajando por las mañanas en un campus, por las tardes en la academia de danza y los findes en festivales. Era una rutina bastante exigente, pero, digamos, era mi rutina y, pese a todo, yo me sentía cómoda con ella. Y de repente se convirtió en algo que no podía seguir haciendo; era demasiado si quería, además, gestionar mi propia empresa. Así que ese año fue diferente.

Ese verano dediqué día y noche a trabajar en Myagleet. Una conocida nos dejó su casa los meses de vacaciones y Lucas y yo pudimos quedarnos en Elche y comprobar de primera mano si nuestro negocio era viable. Y te voy a decir una cosa: **cuando le dedicas tiempo y esfuerzo a algo, corres el riesgo de que funcione**. Eso es lo que nos pasó. Por poco morimos de éxito.

MORIR DE ÉXITO

¿Qué es morir de éxito? Algo tan sencillo como que tu proyecto avance más rápido de lo que tú puedas gestionar. Dicen eso de «ten cuidado con lo que deseas porque podría convertirse en realidad»; yo te digo cuidado con trabajar por tus sueños porque pueden convertirse en una pesadilla. Justo lo que nos pasó a nosotros.

De un día para otro pasamos de tener seis pedidos al día a tener más de cien. Para una empresa pequeña formada en aquel entonces por dos personas, aquello era inviable. Nada funcionaba de forma automática, teníamos que pasar los pedidos a mano, apuntar en un papel el nombre, dirección y teléfono de cada clienta, y qué modelo y talla había pedido. Todo lo que podía salir mal salió peor que mal; pedidos que nunca llegaban, que la misma clienta recibió por triplicado, horas y horas de trabajo sin dormir, sin comer, solo embolsando y recogiendo encargos...

Ese fue mi primer verano como emprendedora. Entraba a las seis de la mañana a la oficina y terminaba a la una de la madrugada, llegaba a casa, comía algo y seguía la pesadilla en mi cabeza. «No hemos llegado a sacar todos los pedidos de hoy, hay que revisar el mail, a ver cómo gestionamos las devoluciones, no paran de llamar a la oficina, ya no estoy grabando nada de contenido sobre la marca». Si has pasado por alguno de esos momentos en que es imposible acallar tu cabeza y aunque intentas descansar solo repasas una y otra vez tu lista de pendientes, sabes de lo que te hablo.

Con la falta de sueño y de comida, aparecieron las parálisis del sueño. Es un momento muy desagradable en el que tu cuerpo está totalmente dormido, pero tu cabeza sigue despierta y te encuentras en un punto en que intentas moverte y no puedes, intentas gritar y no hay ruido. En mi caso incluso tenía alucinaciones, veía una sombra grande y negra viniendo hacia mí, cada vez más cerca, y sentía una presión horrible en el pecho. Te confieso que la primera noche que me pasó sufrí el mayor terror de mi vida.

Si no tienes parálisis del sueño, puedes saltarte este tip (y ojalá que nunca lo tengas que leer). Si, como yo, has sufrido algún episodio, te comparto lo que a mí me servía. Cuando me quedaba paralizada, yo me centraba en mis manos y, en lugar de tratar de mover todo el cuerpo, intentaba recuperar la sensibilidad de los dedos. Una vez que consigues sentir eso, retomas el control, te despiertas y la parálisis del sueño termina. Aunque el mal trago ya te lo has llevado, por lo menos le has puesto fin.

Después de aquello no quería volver a dormir porque sabía que me pasaría de nuevo. Pronto, sin embargo, las parálisis dejaron de ser lo único que me preocupaba. Entre que dormía poco y mal, y que las bebidas energéticas se convirtieron en parte de mi día a día, me tiré dos meses con un tic en el ojo izquierdo. DOS MESES. Yo ya no sabía dónde meterme. Dicen que el que algo quiere, algo le cuesta, y además de mi sueño y mi ojo, también me costó el pelo. Se me empezó a caer muchísimo y, aunque pueda sonar menos grave, mi gente más cercana sabe que fue algo que me afectó mucho. Estaba claro que algo no iba bien, pero no podía dejar mi empresa atrás.

LAS LECCIONES QUE APRENDÍ

Ojalá esta historia hubiese comenzado a mejorar en este punto, pero no había hecho nada más que empezar. Cuando terminó el verano, llegó la hora de tomar decisiones. O nos buscábamos un piso en Elche o me volvía a Valencia a mi trabajo de siempre y dejaba pasar esa oportunidad. ¿Qué quería yo? Como ambiciosa que soy, lo quería todo. Así que sí, alquilé una casa en Elche, pero no dejé mi trabajo en Valencia. Me organicé para poder trabajar en dos ciudades diferentes, en dos trabajos diferentes. Hoy en día no sé cuándo pensé que esto iba a salir bien, pero quizá si no hubiera pasado por ello no habría aprendido un par de cosas imprescindibles sobre autoexigencia, sacrificios y límites.

Elche y Valencia están a poco más de dos horas, así que pensé: «Puedo con todo». El año escolar estaba a punto de empezar, en la academia de baile contaban conmigo y yo todavía no estaba preparada para renunciar a todo y apostar únicamente por Myagleet. Os voy a contar cómo me organizaba

Empezaba la semana en Elche, trabajaba hasta la una y media del mediodía, comía algo (si me daba tiempo) y me marchaba a Valencia, donde a las cinco empezaban las clases en la academia. Era muy desesperante salir de la oficina sabiendo que dejaba cosas a medias, pero también tenía mucha responsabilidad con mi otro trabajo, ya que era yo quien levantaba la persiana cada tarde. Abría la academia, daba clases hasta las nueve y me iba a casa con mi familia. Dormía allí de lunes a jueves y cada día repetía. El jueves, cuando terminaba mi jornada, cogía el coche y conducía dos horitas y media más hasta llegar a mi casa en Elche. El viernes, sábado y domingo trabajaba allí todo lo que podía y el lunes volvía a comenzar. Hubo semanas en las que me hice dieciséis horas de coche y ni siquiera me gusta conducir.

Soy una persona bastante organizada a la que le gusta llevar su rutina, y dentro de este caos conseguí organizarme, pero a menudo pensaba: «¿Cuántos meses más voy a aguantar así?».

Aquí quiero decirte que, si estás pasando por algo parecido, te entiendo, te animo y soy la primera en reconocer tu sacrificio. A veces, nos ponemos en situaciones límite porque sabemos que nuestro sueño merece llegar a estos extremos, pero te recomiendo que te preguntes precisamente eso: ¿cuánto tiempo debes seguir así para alcanzar tu meta?

Si sabes que el tiempo que tendrás que aguantar llevándote al límite es corto y medible, adelante, que nada te detenga. Pero, si no ves el final a esta situación o lo que al principio parecía que iba a ser un periodo de tiempo corto ahora se está alargando, cuidado. Quizá merezca la pena preguntarse si no habrá una mejor forma de enfocar el reto sin que tu salud física y mental se quede en el camino.

Y, sobre todo, nunca dejes que sea otro quien te lleve al límite. Si vas hasta el extremo, que sea por tus sueños, jamás por los de otra persona.

A toro pasado, creo que lo más sano para mí habría sido despedirme del trabajo de danza, pero no me sentía con el derecho de dejar la academia, y menos una vez que ya había empezado el curso. Las semanas corrían y yo cada vez tenía menos energía, mi mente estaba más cansada, la ansiedad crecía y la tristeza era mi *mood* constante. Por suerte, soy ese tipo de persona a la que cuando le preguntan cómo está, responde con la verdad. Mis familiares y amigos sabían que estaba en un muy mal momento y, aunque no eran ellos quienes podían sacarme de ahí porque yo me estaba hundiendo sola, al menos sabía que había gente pendiente de mí, esperando al momento en que quisiera dejarme ayudar. Aquí te mando otra lección, grábatela a fuego porque es de lo más sincero que puedo decirte: **bajar el ritmo no es una debilidad, pedir ayuda no es fracasar**.

Lo que a mí más me ayudó fue tener una charla con mi socio después de unos días en los que no quería salir de la cama ni sabía cómo dejar de estar triste a cada segundo. Lucas entendía muy bien mi situación, conocía mi ansiedad, me veía llorar sin motivo y un día se plantó y me dijo: «Andrea, no me puedo ni imaginar por lo que estás pasando ahora mismo, la lucha que debe haber en tu cabeza intentando sacarlo todo adelante. Sé que la empresa es muchísima responsabilidad, y que la academia es muy importante para ti; no debes decidir nada ahora mismo, pero quiero que sepas que si necesitas algo estoy aquí para ti».

Esto me hizo ver lo valiosa y fuerte que soy. No habría sido lo mismo si Lucas hubiera intentado presionarme para tomar una decisión, o me hubiera dicho cosas como «deja uno de esos trabajos o acabarás poniéndote mala», porque bastante presión me estaba metiendo yo a mí misma como para que mi amigo me culpabilizara aún más. En cambio, supo darme el espacio y hacerme saber que él estaba allí cuando yo sintiera que necesitaba ayuda. Entonces entendí que nadie de mi entorno merecía pasarlo mal porque yo estuviera mal; y, más importante aún, que yo era la primera que no se merecía estar así.

Si, como yo, eres alguien que lo da todo con sus amigos, es posible que te haya tocado lidiar con la frustración cuando los ves pasarlo mal. Aunque un primer impulso puede ser querer quitarles de encima lo que les esté agobiando o tomar por ellos las decisiones que les estén costando, seguro que ni a mí ni a ti nos gustaría que nos ayudaran de esa forma. A veces es más útil hacerles saber que no los juzgas y que estarás ahí cuando decidan abrirse.

A partir de entonces, cada día me repetí a mí misma que ya estaba, que me merecía ser feliz y disfrutar de mi trabajo y de todo lo que estaba consiguiendo. No dejé la academia de forma automática (ya te he contado que eso me hubiera hecho sentir peor) ni bajé el ritmo con mi nueva faceta de emprendedora, porque los cambios tampoco ocurren en un segundo, pero descubrí una nueva forma de encarar esa etapa.

Me enfrenté a mí misma y a mi cabeza y, mientras la situación no cambiara, cambiaría yo.

Me creí mi mensaje, me repetí a diario que yo era capaz, me obligué a tener momentos para relajarme y empecé a disfrutar de todo el trabajo que llevaba haciendo durante meses. Trabajé en mi forma de ver las cosas, de afrontarlas y de asumirlas y, a pesar de que nada cambiara, CAMBIÓ TODO.

Así que, a la pregunta que me hacéis siempre de si realmente puedo con todo, estoy segurísima de que puedo con todo y más. Simplemente seré yo quien decida bajo qué condiciones y en qué tiempos, porque, a donde sea que vaya a llegar, quiero hacerlo en mis propios términos, sana y feliz.

TERCERA PARTE

D
EL

SFRUTA
AMINO

CAPÍTULO 15

EL AMOR TAMBIÉN SE TRABAJA

El amor tiene que ser sencillo.

Ahora que te conoces, has aprendido a quererte y has comprendido que sin esfuerzo no hay éxito, vamos a hablar de todas esas cosas que te llevas del camino recorrido, de los frutos que recoges cuando alcanzas la paz contigo misma. Y, primero, hablaremos de amor. ¿Por qué? Porque, cuando eres consciente de tu valía, empiezas a entender el amor de una forma muy distinta.

¿Qué es el amor? Puede ser muchas cosas: el amor propio (¡anda que no hemos hablado de este!), el amor al prójimo, el amor a la familia, el amor de pareja, el amor a una mascota, el amor a tus pertenencias, a tu ciudad, a tu hogar... Hay infinidad de formas de amar, pero todas deberían tener algo en común, que sea un amor sano, bueno, desinteresado, de admiración. Si no cumple estos requisitos, no lo quiero en mi vida.

Enamorarse es muy fácil (al menos para mí, que soy una persona muy enamoradiza y antes de que termine la lavadora me he enamorado de una nueva canción, de una película, de un deporte o de un trabajo). Durante unos días mi atención se centra solamente en eso y no puedo parar de hablar de ello, de idealizarlo, incluso de presumir. Soy una de esas personas que cada semana descubre «la mejor peli del mundo», se obsesiona y la recomienda a todo el mundo. Sin embargo, ese amor es fugaz. No se trata de un amor sólido ni trabajado, es más bien un amor irracional, algo obsesivo y fácil de reemplazar. Porque pronto aparecerá otra canción, otra película, otro deporte u otro trabajo y volveré a repetir el proceso.

Precisamente por esto, cuando hablamos de relaciones, sean del tipo que sean, pienso que con querer no es suficiente. No me basta con que les guste o que me gusten, porque ya hemos visto que esto puede cambiar en un pispás, sino que tiene que haber compromiso. Sea una relación de amistad, de amor, de hermanos o del tipo que sea, pienso en esta pequeña lista para determinar si es algo sano y si es algo que va más allá de una fascinación fugaz:

- **QUE TE QUIERAN NO TIENE QUE COSTAR Y QUERER NO CUESTA.** Si requiere un esfuerzo desmesurado, no es ahí.
- **EL AMOR SE TRABAJA.** Eso no es contradictorio con lo que acabo de decir. Significa que el amor no es algo que pasa y ya, sino que necesita comunicación, paciencia, comprensión y colaboración para mantenerse y cultivarlo. No se puede vivir de lo que fue.
- **ES UN PROYECTO CONJUNTO.** Parece obvio, pero ambas partes tienen que querer estar a gusto.

- **QUIEN NOS QUIERE NOS COMPLEMENTA, PERO NI NOS COMPLETA NI NOS SUSTITUYE.** Tú ya eres de puta madre como eres, así que ojito con pensar que eres más por estar con alguien. Tienes que estar con quien te aporte, con quien te haga querer ser mejor y te quite las dudas cuando le digas que no te ves capaz. Pero, y eso es importante, ¡tú ya eras capaz antes de que otra persona te lo dijera! Está muy bien que te animen para que te des cuenta de lo valiosa que eres, pero tu valía nunca dependerá de otros porque ya está dentro de ti. Mantén tu amor propio intacto y no lo supedites al amor de terceros.

Con esto en mente, ahora sí, hablemos de relaciones de pareja. Soy ese tipo de persona que cuando se compromete con alguien lo hace en muchos aspectos. Esto no significa que me guste poner etiquetas, al revés, ¡las odio! Pero sí significa que voy contigo a muerte. Si no te admiro, no me enamoraré de ti. Puedes tener un trabajo increíble, una cara simétrica y un cuerpo envidiable, pero si eres despreciable jamás podré admirarte y, por lo tanto, quererte. Esto es así. En cambio, si te admiro, asumiré que, como todos, también tienes defectos y aprenderé a amarlos. Siempre y cuando estos defectos no sean comportamientos tóxicos o destructivos hacia mí, comprenderé que no son negativos y que forman parte de ti.

Las circunstancias pueden cambiar en un momento determinado y que esto afecte a lo que siento, pero lo que tengo claro es que, si se han portado bien conmigo (y mi entorno), mi respeto y mi apoyo no van a cambiar. Porque si una vez decidí quererte, aunque un

problema, un conflicto o una tercera persona haga que nos digamos adiós, seguiré guardándote amor. Incluso después de una rup-
tura, el respeto continúa siendo importante.

LOS LENGUAJES DEL AMOR

Te he explicado cuál es, desde mi punto de vista, el amor que vale
la pena vivir. Pero también me gustaría hablarte de cómo lo podemos expresar. Comprender esto, es decir, entender cómo te comu-
nicas y cómo se comunican tus vínculos, va a significar un *upgrade*
en tus relaciones y te va a ahorrar no pocos disgustos.

Según el escritor estadounidense Gary Chapman, existen cinco
lenguajes del amor:

- **PALABRAS DE AFIRMACIÓN.** Consiste en expresar el
  amor con palabras. Un «te quiero» y un «te amo» nunca están
  de más para recordarle a esa persona tus sentimientos. Hace
  unos años empecé a trabajar en eso de exteriorizar mis emociones y hoy no concibo colgar una llamada de teléfono a un
  familiar o despedirme de una amiga con quien he pasado la
  tarde sin un «te quiero mucho». Dedicar palabras positivas y
  elogios también forma parte de esta categoría. Decirle a tu
  amigo que lo está haciendo genial y que es un crack puede
  tener un impacto muy profundo en él.
- **TIEMPO DE CALIDAD.** Pasar tiempo de calidad con alguien
  implica compartir momentos significativos y actividades jun-

tos. Para mí, es primordial para crear una conexión profunda. Aunque cuadrar agendas cueste, a veces basta con quince minutos para tomar un café a solas y escuchar con toda tu atención las preocupaciones de tu amiga para que ella sepa que puede contar contigo.

- **REGALOS.** Los obsequios son una forma de expresar y recibir amor. No se trata del valor monetario del regalo, sino del pensamiento que hay detrás. No hace falta que le regales un coche a nadie para demostrarle tu amor, pero si vas de viaje y le traes un detallito significará que te has acordado de esta persona. O si vas de *shopping* y vuelves con unos calcetines para tu pareja. Tener un gesto fuera de las fechas señaladas, sea escribir una carta, comprar flores o unos dulces también es una forma de amor.

- **ACTOS DE SERVICIO.** Entre tú y yo, esta es mi forma de demostrar amor, y consiste en ser servicial con la otra persona, es decir, en tener gestos para ayudarla y apoyarla. Me gusta estar pendiente, preparar la comida, aconsejarla en sus quebraderos de cabeza, ir a comprarle algo que necesita si no tiene tiempo... Es una forma de estar ahí sin que te lo pidan. Pero, ¡cuidado!, tampoco se trata de ser la madre o el padre de nadie.

- **CONTACTO FÍSICO.** Para muchas personas los abrazos, los besos, las caricias y otras formas de afecto físico son su lenguaje del amor. Reconozco que, fuera de mi relación de pareja, esto es de lo que más me cuesta. No me malinterpretes, nunca rechazaría un abrazo, pero es verdad que con mis amigos y familiares me cuesta darlos. En cambio, quienes no tienen ningún problema con expresarse así son las mascotas. No pueden hablar ni hacerte regalos, pero les gusta tumbarse a tu lado en el sofá, que las acaricies y sentirse acompañadas. No les hace falta decirte «te quiero» para demostrarlo.

Saber cuáles son los cinco lenguajes del amor es muy útil porque te permite conocerte mejor y calibrar tus expectativas en las relaciones con los demás. Seguro que mientras leías las descripciones de los cinco lenguajes estabas reflexionando acerca de cuál es tu forma predominante de expresar que quieres a alguien. Tal vez te cueste horrores decir «te quiero», pero en cambio has perdido la cuenta de cuántas mudanzas has hecho o de cuántas veces has ido a recoger a tu primo pequeño en el cole cuando tus tíos no han podido. En este caso, está claro que tu lenguaje del amor son los actos de servicio. O, por el contrario, quizá no te nace lo de hacer favores, pero montas planazos cada vez que quedas con tus amigos porque tu forma de demostrarles que estás allí es creando recuerdos. En este caso, tu lenguaje del amor es el tiempo de calidad.

La información es poder y, por lo tanto, saber esto te permitirá sentirte menos mal si ves que uno de estos lenguajes se te da regulín (¡tienes otros cuatro para exteriorizar tu amor!). Por otro lado, también te servirá para ponerte las pilas si sabes que alguien que te importa valora un tipo de lenguaje que no es tu fuerte. En general, **la forma en la que demostramos amor es también la forma en la que nos gusta que nos lo demuestren**. Si tú eres del *team* regalos y tu pareja es del *team* actos de servicio, puede ser que tú te frustres cuando se ha ido a dar la vuelta al mundo y no te ha traído ni un imán de recuerdo y que él se frustre cuando está hasta arriba de trabajo y no te nace ponerte a su lado y ayudarle con un Excel. Si eres consciente de esto, aunque no cambie de forma radical tu manera de ser, tal vez sí lo tengas más en cuenta. Y, viceversa, también te puede servir para volverte más compasivo y ser menos exigente, ya que entenderás que **no todo el mundo usa el mismo lenguaje del amor que tú**.

LAS CONVERSACIONES INCÓMODAS

Para terminar con este capítulo sobre el amor, me gustaría hablar de la comprensión. Alguien dijo que la comunicación es lo más importante en una relación, pero yo no estoy de acuerdo. Tú puedes estar escuchando una canción en chino que te encanta y no estar entendiendo nada. Quizá esa canción habla de cómo matar bebés, pero, como tiene cierto ritmillo, tú la bailas y la cantas a grito *pelao*, imitando la pronunciación. Bien, la comunicación ha funcionado porque te ha transmitido cosas (aunque no sean las que la canción pretendía transmitir), pero ¿qué me dices de la comprensión?

Algo así ocurre a menudo cuando discutimos. Debemos entender que cuando alguien en la relación se queja de un problema no es porque quiera dejarlo, sino porque quiere solucionarlo. Si tu pareja te habla sobre algo que le hace daño y que sabes que tú puedes mejorar, pon todo de tu parte para comprenderla. No te quedes en la superficie y lo interpretes como una amenaza, sino como la oportunidad de llegar a un acuerdo. Si cuando te abren el corazón y te cuentan un problema te pones a la defensiva, lo ignoras o lo menosprecias, habrás oído pero no habrás escuchado.

Ya sé lo que me vas a decir: ¿oír y escuchar no era lo mismo? Pues puede parecerlo, pero te aseguro que son muy diferentes. Para detectar cuando alguien te comprende o cuando no, recuerda que oír es percibir con el oído los sonidos; escuchar es prestar atención a lo que se oye. Cuando cuentas algo importante para ti, seguro que no basta con que te oigan y puedan repetir tus palabras, sino que necesitas que te escuchen, que traten de entender cómo te sientes al pronunciarlas y qué otras cosas puede haber detrás. Ahí, en quien te escucha, hay alguien a quien le importas de verdad.

Por lo tanto, tiene que haber voluntad de comunicar pero también de comprender. ¿Qué diferencia hay entre bailar eufóricamente una canción que habla de matar bebés y estar a la defensiva cuando alguien te está pidiendo justo lo contrario? En ambos casos uno de los dos ha querido comunicar, pero el otro (queriendo o sin querer) no ha comprendido nada.

Lo más importante en una relación no es la comunicación, es la comprensión.

Para que la comprensión no falle, es necesario que haya empatía. Saber ponerse en el lugar del otro y encontrar la forma de ayudar es imprescindible. En mi caso, mi psicóloga siempre me riñe por ser demasiado empática y pasarme la vida excusando a todo el mundo. Quizá tiene razón, pero me parece muy complicado juzgar a nadie sin conocer sus circunstancias y saber por lo que está pasando. Es cierto que tengo que mejorar en este aspecto y que, aunque la empatía es vital, gracias a la terapia estoy comprendiendo que **si puedo, te ayudo, pero que si me haces daño, me retiro**.

Conseguir una buena relación, créeme, implica tener muchas conversaciones incómodas. Significa dar toda tu confianza a otra persona sabiendo que en cualquier momento podría romperla y, aun así, confiar en que decidirá no hacerlo. En esto del amor yo soy de las que va cuesta abajo y sin frenos. Prefiero mil veces darlo todo, equivocarme y luego tener que reconstruirme que quedarme con las ganas de saber si lo nuestro habría funcionado.

Porque sé que soy capaz de curar mi corazoncito si alguien lo rompe, pero soy incapaz de querer a medias.

CAPÍTULO 16

DISFRUTARÉ EL ÉXITO CON QUIEN ME AYUDE A CONSTRUIRLO

Demasiada gente no vive sus sueños porque está ocupada viviendo sus miedos.

¿Qué es el éxito? Si lo buscas en internet, aparecerá algo así como que se trata de lograr objetivos y metas personales, de convertirse en lo que uno realmente quiere ser, de vivir la vida como uno la quiere vivir, hacer lo que uno de verdad quiere hacer y lograr lo que uno se propone lograr. Es una forma un poco tramposa de explicarlo porque ahí caben un millón de visiones sobre el éxito diferentes o incluso opuestas. Depende de a quién preguntes, te explicarán lo que entienden por exitoso de formas muy distintas.

De hecho, vamos a hacer la prueba. Pilla a quien tengas a mano, padres, tías, tus amigos y amigas, tus compañeros de trabajo o tu pareja. Pide que te digan en una frase qué es para ellos el éxito y verás la cantidad de respuestas que recibes que no tienen nada que ver una con la otra. Hay quien quiere tener mucho dinero, otros priorizan gozar de buena salud o quizá conseguir un buen puesto de trabajo. Para todos la respuesta es haber conseguido lo que se propusieron, aunque esto tenga unas consecuencias diferentes para cada uno.

¿Y para mí? **Para mí una persona exitosa es aquella que es capaz de elegir su camino y hacerse responsable de lo que le suceda en el trayecto.** ¿Recuerdas lo que hablamos de la suerte y la suerte trabajada? Pues está claro que cuando nos proponemos algo y no todo sale siempre según lo que esperamos, ahí entra la suerte. Pero yo soy *team* suerte trabajada y por eso mi definición de éxito no tiene que ver solo con el resultado, sino también con el proceso y cómo lo enfocamos.

Para mí el éxito es saber hacerse responsable del camino y, sobre todo, no rendirse, no tirar la toalla cuando las cosas no salen según lo que nos propusimos. Porque abandonar sería no tener éxito. ¿Te imaginas que quizá la diferencia entre haber logrado algo o no solo sea no haberlo intentado una vez más? La gente culpa a la suerte, al destino o al karma, pero el éxito está en la constancia.

Siempre que me preguntan a qué le tengo miedo, yo respondo que al fracaso. Es una de las cosas que me aterrorizan. E igual que el éxito no es el qué, sino el cómo, para mí fracasar no implica que algo salga mal o no lograr un propósito. Yo temo al fracaso en la forma más personal que se le puede temer. Le temo por imaginarme fallándome a mí misma.

Fracasar sería estar haciendo algo que no me hace feliz. Estar dedicando mi tiempo a algo que no me gusta y que no tiene fecha de caducidad. Permanecer en un lugar que no me aporta nada positivo y del que no tengo forma de salir. Puede venir a raíz de un pensamiento, puede ser una persona o una ciudad. Lo que a mí me dole-

Detrás de un fracaso siempre hay un «no puedo más» o un «lo dejo», pero nunca un «voy a seguir luchando por lo que de verdad quiero».

ría es saber que no estoy haciendo caso a mi instinto, que no estoy persiguiendo aquello que realmente sí que me ilusiona.

Saber que tienes que pasar por algo que no te gusta, pero que terminará en una semana, unos meses o unos años, se puede sobrellevar. No me consideraría fracasada por eso ni tú deberías hacerlo (es más, he estado en esas situaciones y también he aprendido de ellas), pero no soportaría la idea de rendirme y no seguir avanzando. Solo ahí estaríamos hablando de haber fracasado. Esforzarse por alcanzar aquello en lo que crees es lo contrario a fracasar. Es más, me cuesta creer que se pueden alcanzar unos objetivos sin pasar por momentos duros, situaciones complicadas o etapas que te gustaría que durasen menos. Atravesarlas es luchar, esforzarse, trabajar en ti misma y en tu futuro. Solo rendirse, parar, detenerse y renunciar nos lleva al fracaso.

> **Si justo ahora te encuentras en una de esas etapas complicadas, lee esto. Antes de nada, te mando un abrazo de ánimo porque yo, como tú, sé lo que cuesta perseguir tus sueños. Si te sientes bloqueada, intenta recordarte por qué estás luchando y visualiza tu meta para darte fuerzas. También ayuda pensar en todo lo que ya has avanzado. Recuerda: solo se bloquea el que se detiene.**

MEJOR SOLA QUE MAL ACOMPAÑADA

Soy ese tipo de amiga que se alegra por tus logros como si fueran propios. Esos son los amigos de los que yo también me quiero rodear, quienes disfruten conmigo mis buenas noticias, las aplaudan y las celebren. Quiero lo mismo que doy y me niego a rodearme de gente frustrada o acabaré frustrada yo también.

El proyecto de escribir este libro era para mí uno de los más importantes de este año. Y ya te habrás dado cuenta de que no soy precisamente una persona que se meta en pocos jaleos. La cena de Nochebuena con mi familia, cuando estaba dedicada a escribir lo que ahora estás leyendo, me demostró una vez más lo importante que es rodearse de gente que te valora y te quiere. Les conté cómo lo llevaba y las ganas que tenía de hacerlo bien y poder llegar a mucha gente, y enseguida todos querían ser partícipes de esto.

**«¡ENSÉÑAME LA PORTADA!».
«¿QUÉ TÍTULO LE VAS A PONER?».
«CON TODO LO QUE TÚ ERES,
VA A SER UN LIBRO INCREÍBLE».
«¡ESTOY DESEANDO LEERLO!».**

Estas frases te llenan el corazón, te animan a seguir hacia delante y a dar todo de ti en ese proyecto en el que estás dejándote la piel. En un momento, entre mi familia y yo ya habíamos imaginado cómo iba a ser todo, a cuántas ferias del libro podría ir o los colores que mejor iban a combinar para la portada. Estas son las personas que te impulsan, las únicas con las que deberías compartir tu éxito. Porque nuestro trabajo nos ha costado llegar hasta aquí o, en este caso, que tú puedas tener hoy este libro en las manos.

Pero no todo el mundo te lo pone tan fácil y te diré por qué: es mucho más sencillo criticar que hacer bien lo mismo que tú estás haciendo. Cuando anuncié que estaba escribiendo, también recibí comentarios como:

«OTRA QUE SACA UN LIBRO».
«PARECE QUE YA CUALQUIERA PUEDE ESCRIBIR».
«NO ME LO LEO NI AUNQUE ME PAGUEN».

A toda esa gente le digo: «Si no lo quieres leer, no hay ningún problema. El problema, en todo caso, lo tienes tú contigo mismo, que prefieres vivir criticando la vida de otra persona en vez de disfrutar de la tuya». Precisamente hace unos días encontré una frase que me hizo reflexionar muchísimo sobre esto: «Tú, ¿qué quieres, el coche de tu vecino o que tu vecino no tenga coche?». Y es que muchas veces somos muy envidiosos, pero no nos ponemos a trabajar en ello para conseguirlo, sino que nos dedicamos a sabotearlos, criticarlos y envidiarlos simplemente por haber logrado lo que nosotros no.

Todas esas personas envidiosas que se pasan la vida lanzando *hate* sobre quienes están haciendo lo que a ellos les gustaría hacer tendrían que coger toda esa energía que están invirtiendo en envidiar y utilizarla en ponerse a trabajar. Porque, si tú quieres el coche de tu vecino, es tan fácil como que te pongas a currar para poder

Recuerda que la envidia no es más que admiración mal llevada.

comprártelo. Cuando te estés esforzando en ahorrar para conseguir ese vehículo te darás cuenta de que importa bien poco que tu vecino lo tenga o no. Es más, igual hasta te hace un favor un día y te acerca a algún sitio. Si te molesta que lo tenga y lo disfrute es solo porque tú no te ves dispuesto a trabajar para conseguirlo.

Hablo de coches, pero esto mismo ocurre con muchos otros aspectos de la vida. Y es una pena porque envidiar de forma insana no tiene nada bueno. Primero, nos hace muchísimo daño a nosotros mismos porque es una forma de autodestrucción, y, segundo, no nos motiva, no nos aporta nada bueno. A mí me gusta envidiar de forma sana porque me gusta admirar, porque me veo capaz de llegar donde tú estás; tardaré más o menos tiempo, pero sé que lo voy a hacer. Es más, seguramente hasta te pida consejo y por supuesto que aplaudiré tu trayecto y tu victoria, **porque mi envidia no parte de la inseguridad de que yo no lo pueda conseguir, sino de la admiración por lo que alguien logró antes que yo**.

Yo nunca voy a ser una persona destructiva hacia ti porque eso significaría que estaré siendo destructiva también conmigo misma. Y no he llegado hasta donde he llegado para echarlo a perder por culpa de algo tan tóxico como la envidia. Hay una fábula sobre esto que me parece perfecta para cerrar este capítulo.

Un día, iban andando dos personas por un camino. Una de ellas era conocida como la más avariciosa del mundo y la otra como la más envidiosa. Al rato, se encontraron a un genio que les dijo que les otorgaría un deseo a uno de ellos, pero no solo eso: al otro le daría el doble.

El avaricioso y el envidioso se quedaron de piedra. Era tentador pedir un deseo, pero era mayor la rabia que les provocaría ver que el de su lado conseguiría ese premio por duplicado. El avaricioso pensó: «Yo lo quiero todo para mí y me niego a que alguien reciba el doble». Y el envidioso pensó: «Podría conseguir eso que quiero, pero no podría soportar que el de mi lado tuviera más». Así que pasaron las horas y ninguno de los dos rompía el silencio. Hasta que el envidioso dijo: «¡Ya lo tengo! Ya sé lo que quiero, genio, me vas a quitar un ojo». Y así fue como el envidioso se quedó tuerto y dejó ciego al avaricioso.

Da pena pensar que muchas veces las personas actúan justo como en el cuento y prefieren sacrificarse y perder algo a ver cómo el de su lado consigue ese mismo propósito. Esa envidia insana no lleva a nada y te aleja de disfrutar de tu versión del éxito.

Lo mejor es creer en uno mismo, rodearse de personas que también lo hagan y dejar que sean ellas las que te acompañen en tu camino.

CAPÍTULO 17

QUIERO UN ROLEX. DINERO Y AMBICIÓN

El dinero no es importante. Mentira, el dinero no es importante si lo tienes, si no lo tienes se convierte en tu mayor quebradero de cabeza.

Todos nos merecemos ser ricos. El dinero nos da la oportunidad de vivir tranquilos, de sentirnos más libres y de poder ayudar a otras personas. Si eres alguien generoso, con dinero podrás serlo a mayor escala y con más gente. Así, podríamos decir que el poder económico potencia lo que ya eres.

UN CAMBIO DE MENTALIDAD

Primero de todo, creo que es importante que nos sinceremos. Queremos tener dinero, y mucho, o, por lo menos, el suficiente como para poder pagarnos la vida que nos merecemos. No nos tiene que avergonzar decirlo en voz alta. Ya somos mayorcitos y sabemos cómo funciona el mundo, por lo que estamos en todo nuestro derecho de querer *money*. Una vez asumido esto, me gustaría que respondieras a estas preguntas: ¿cuánto dinero necesitarías al mes para costearte la vida que quieres?, ¿qué estarías dispuesto a hacer para ganar ese dinero?, ¿eres merecedor de esa cantidad?

Soy de las que piensa que hay pastel para todos y que solo hace falta repartirlo. Por lo tanto, ¡que no te dé miedo pedir! Reflexiona acerca de las preguntas que te acabo de formular e intenta darles respuesta. Este es el primer paso para atraer dinero.

Sigamos. Ahora te lanzo otra pregunta importantísima: **¿qué es para ti ser rico?** Estoy segura de que cada persona que tenga este libro en sus manos responderá una cantidad distinta. Según Google, para ser considerada rica, una persona debe tener ingresos de 3.673 € al mes, algo más de tres veces el salario mínimo. Sin embargo, en otras etapas de mi vida yo me he sentido rica ganando quinientos euros al mes porque me dedicaba a lo que me gustaba y vivía con mis padres, por lo que no necesitaba más dinero para pagarme mis caprichos. Hoy en día, mi percepción de la riqueza ha cambiado mucho, ya que tengo muchos más gastos y los caprichos que me quiero dar son más caros. Sin embargo, es evidente que sentir que tenemos mucho o poco depende en gran medida de nuestra situación, que puede ir cambiando a lo largo del tiempo.

El dinero se mueve por el mundo constantemente y más rápido de lo que te imaginas. En el momento en el que estás leyendo esto, más de tres mil quinientos millones de personas están realizando un movimiento o consultando su cuenta de banco. Imagínate que todas esas personas hiciesen una transferencia de un céntimo a tu cuenta, tendrías 35.000.000 € en un momento. Para la mayoría de estas personas, tener un céntimo menos no supondría un gran cambio en su economía. Pero, como no podemos convencer a toda esta

Para disfrutar del dinero en tus manos, primero debes reconciliarte con él en tu mente.

gente de que haga esa transferencia, vamos a tener que convencernos de que nos merecemos ganar este dinero.

Uno de los primeros libros que me leí para entender cómo funcionaba el dinero y cómo aprender a administrarlo es *Los secretos de la mente millonaria,* de T. Harv Eker. Lo leí en un momento en el que empezaba a ganar un poquito más de dinero y sentía que era capaz de generar mucho más. Gracias a él, me quité el miedo y empecé a sentirme merecedora de ganarme bien la vida, además de aprender a disfrutar de mi nueva posición de forma más consciente.

Una de las primeras lecciones de este libro es que **no hay que ver el dinero de forma negativa, ya que si lo tratas con desprecio nunca te vas a sentir merecedor del mismo**. Esta afirmación me llevó a reflexionar acerca de mi pasado. Vengo de una familia muy humilde en la que vivimos momentos muy duros. Cuando mis hermanos y yo éramos peques, al salir del cole solíamos ir a casa de la «teta» a merendar. Me acuerdo de que una tarde mi hermano se preparó un bocata de fuet y se lo zampó acompañado de unos bollos, mi hermana devoró una barra de pan con una tableta de chocolate, y yo me había terminado dos yogures e iba camino de atacar una cuña de queso. Mi «teta» me cogió por banda y me preguntó a mí, que soy la mayor: «Pero ¿qué pasa, que en vuestra casa no os dan de comer?». A lo que yo, con toda mi inocencia de niña de doce años, respondí: «No, en casa no hay comida».

Fue un duro golpe de realidad para mi abuela y, conforme me he hecho mayor, he ido tomando consciencia de la gravedad del tema. Digamos que alimentar seis bocas con un único sueldo es un trabajo de superhéroes, por no decir una tarea imposible. De todas formas, a pesar de no tener dinero en aquel entonces, mis padres siempre se desvivieron para darnos todo lo que podían; no había caprichos, pero sí mucho amor. Ojalá esta fuera la única anécdota respecto a la economía de mi casa, pero hay muchas más que de momento prefiero guardarme.

Precisamente por situaciones como la que te he contado, a medida que fui creciendo fui viendo el dinero como una amenaza. Pensaba que quien tenía dinero era peor que un villano de Disney. Seguramente, esta idea fue cogiendo peso en mí a raíz de escuchar frases como «no metas esto al carro de la compra, que somos pobres», «¿qué te crees, que el dinero crece de los árboles?», «a ver cómo hacemos magia este mes para pagar las facturas», «yo no tengo dinero, a mí no me mires», «cariño, esta excursión es muy cara y no podrás ir», «todo el mundo pidiendo..., ¡os pensáis que soy rico!»... Y podría seguir hasta quedarme sin papel, pero lo voy a dejar aquí.

¿Qué pasó? Que después de tantos años de ir asimilando estos mensajes, cuando empecé a ganar un poquito más de dinero, **tuve que reeducarme para estar en paz conmigo misma**. Tuve que aprender que el dinero no es malo y no te hace mala persona. En realidad, ahora que tengo más poder adquisitivo, lo único en lo que pienso cada día y por lo que sigo trabajando de forma incansable es porque siento la necesidad y la responsabilidad de hacerles la vida más fácil a los míos. Tengo el deber de aprovechar al máximo mi suerte para que a mis hermanos no les falte de nada y no tengan que verse en una situación como la que vivimos cuando éramos chiquitos.

EL VALOR DE UN ROLEX

Recuerdo que un día, cuando tenía unos seis años, mi padre me dio una de esas charlas motivacionales que por algún motivo los padres sienten que tienen que dar cuando ven que sus hijas crecen. No me acuerdo de qué me dijo exactamente, pero sí que hay una frase que se quedó tatuada en mi cabeza para siempre, aunque en ese momento ni siquiera la entendía: **«Cuando seas mayor me regalarás un Rolex»**.

A él siempre le ha encantado el mundo de los relojes, pero un Rolex quedaba muy lejos de lo que podía permitirse poner en su muñeca. Con los años, esa frase cogió estatus de meme y siempre que le hacía algún detallito mi frase estrella era «no es el Rolex, pero... aquí tienes una bufanda/tostadora/máquina de depilación láser» (sí, mi padre siempre ha sido muy presumido). Iban pasando los años y siempre que le regalaba algo le soltaba la misma frase, un chascarrillo entre nosotros que recordaba aquella charla motivacional y daba valor a todo lo que iba consiguiendo.

Un día, no hace tanto, me paré a pensar de verdad en las palabras de mi padre y me puse a investigar cuánto costaba un puñetero Rolex. No quiero hablar del precio porque no tiene importancia en esta historia, solo diré que son relojes muy caros y que no basta con tener el dinero para comprarlo. Hay largas listas de espera para adquirir uno y la mayoría de los que están en una vitrina son artículos de exposición y no de venta. Definiría Rolex como una marca con la capacidad de elegir a sus clientes. Puedes tener dinero, pero, si no te ven merecedor de llevar uno de sus relojes, no te lo van a vender. Precisamente por esto existe la reventa, donde pueden llegar a triplicar su precio. Y sí, estamos hablando de un reloj. Me explota la cabeza.

Tuve que insistir durante varias semanas para conseguir acercarme solo un poco más a la marca y, por suerte, tuve la ocasión de conocer a personas que ya tenían cierta familiaridad con ellos. Les conté mi historia y los conmovió. ¿Cómo era posible que mi padre me hubiese pedido un Rolex cuando yo aún no tenía ni edad para saber qué hora marcaba un reloj convencional? Más fuerte aún era que aquella historia hubiese tomado tanto peso en nuestra vida. Rolex es una marca que se deja llevar muchísimo por las emociones, ya que no solo vende relojes, sino artículos que irán pasando de padres a hijos durante generaciones. Son conscientes de que un reloj de su marca tomará un papel muy importante dentro de la familia y que tendrá un gran valor sentimental. Así que, amigos, al final lo logré y ahí estaba yo con el señor de la tienda eligiendo qué reloj le iba a regalar a mi padre.

Después de todos estos años, y ya con el reloj en la mano, no tenía ni idea de cómo dárselo; solo sabía que esta vez sí que iba a decir eso de **«no es el Rolex, pero ES EL ROLEX»**. Después de estar dándole vueltas, terminé alquilando una habitación de hotel bonita para poder entregárselo de forma íntima y reservé en uno de mis restaurantes favoritos para que pudiera lucirlo por primera vez. Además, le escribí una carta porque sabía que en el momento de entregarle el reloj el shock iba a ser tan grande que no me escucharía ni me vería. Aquí te dejo un pedacito de nuestra historia:

Querido padre:

Soy tu hija mayor, la favorita, y con esto parecerá que vengo a conservar mi título.

Hace unos años, muchos, me dijiste una frase que desde entonces se quedó clavada en mí: «Cuando seas mayor me regalarás un Rolex». Y supongo que ya soy mayor, porque aquí te traigo ese dichoso regalo. He de admitir que cuando te escuché decir aquella frase no entendí nada. No sabía lo que era un Rolex ni toda la fuerza que había detrás de aquella frase. Un Rolex es un artículo de lujo, de prestigio, algo que no le venden a cualquiera y que tampoco cualquiera puede permitirse.

Según han pasado los años y hemos repetido aquello de «no es el Rolex, pero...» cada vez que te he dado un regalo por Navidad, por tu aniversario o por gusto, esa frase ha ido adquiriendo más sentido. Y le he dado mucha más importancia.

Quería darte las gracias porque he entendido el significado de aquella frase. He entendido que siempre confiaste en mí, siempre me apoyaste. Y además era tu forma de decirme que estarías ahí para disfrutarlo conmigo.

Por eso, hoy, en realidad, el regalo no te lo hago yo. Es solo una forma de que sepamos que lo hemos conseguido. Aquí tienes tu Rolex. De parte de tu hija mayor, Andrea.

Te quiero, padre.

CAPÍTULO 18

UN PACTO
CON EL DESEO

Todos deberíamos estar enamorados
de nosotros mismos.

¿Y si te digo que la única relación que de verdad va a durar para siempre, hasta el final de tus días, quizá sea la que más descuidada tengamos? Es la relación que tienes contigo mismo y, sí, basta de pensar que no es algo que observar, cuidar y mejorar cuando lo necesites. Si no estás bien contigo, ¿cómo vas a estar bien con los demás?

Se suele decir que uno no elige de quien se enamora, pero eso no es del todo cierto. En realidad, hay varios rasgos que buscamos desde el principio al conocer a alguien y que, según si los vemos o no, nos hacen continuar o dar media vuelta y poner punto final a esa relación antes de que haya empezado. Es verdad que muchas veces nos acabamos llevando una sorpresa cuando esa persona no es el pedazo de pareja que habíamos idealizado. Pero eso es problema nuestro.

A lo que me refiero es a que somos nosotros mismos los que nos encargamos de realzar esas cosas que nos gustan de una persona a la que estamos conociendo (y hablo románticamente). A veces pensamos en su belleza, su sentido del humor, sus principios, sus metas en la vida o si en su carácter puede encajar de alguna forma con el nuestro. Otras veces nos fijamos en cosas tan insignificantes que ni esa persona se había planteado que pudieran gustar y enamorar a alguien.

En este proceso, hacemos un esfuerzo real por que esa persona se convierta en LA persona, por encajar, por tener esa complicidad y compatibilidad. Pero ¿**qué pasaría si hiciéramos todo ese trabajo con nosotras mismas**, si nos enamorásemos de todo eso bueno que tenemos y lo resaltásemos al máximo? ¿Y si, cuando encontrásemos algo que no nos encantara, decidiéramos cambiarlo?

Porque aquí viene otra cruda realidad: nadie va a cambiar por ti, aquí cada uno mira primero su ombligo y es muy difícil que alguien quiera hacer ese pedazo de trabajo de enfrentarse a sus demonios por ti. Solo lo harían por ellos mismos y no siempre se está dispuesto a esto. Y tú, ¿lo estás? ¿Estarías dispuesta a cambiar por ti? Mejor dicho, ¿A MEJORAR?

¿ESTÁS DISPUESTA A MEJORAR POR TI?

Empecemos con dos preguntas que te ayudarán a ganar perspectiva. La primera: ¿por qué te gustaría que te quieran las personas de tu alrededor, por cómo eres, por lo que has conseguido, por lo que tienes o por tus metas? Seguramente tu respuesta será que por quien eres, no por lo que eres, porque eso sería de persona interesada, ¿verdad? Pues ahora te repito la pregunta, pero sobre ti mis-

La vida se encoge o se expande dependiendo de tu coraje.

ma: ¿por qué te quieres y te valoras?, ¿por cómo eres o por las metas que has cumplido y las cosas que tienes?

Somos un poco menos objetivos cuando nos juzgamos a nosotros mismos y, en general, bastante más duros. A menudo nos pasa que no basamos nuestro amor propio en nuestro trabajo en lo personal ni en lo buenas personas que somos, sino en esos propósitos que un día pusimos en una lista y que, sin darnos cuenta, han pasado a definirnos como alguien más o menos válido. Y está muy bien estar orgulloso de lo que se consigue, solo faltaría, pero a veces nos puede la prisa y, si todavía no hemos logrado todas las metas, nos sentimos peores o fallidos.

Por eso creo que tenemos que recordarnos que, como ya te he contado, el éxito está en el camino, y que estar luchando por algo ya nos convierte en esa persona valiente, triunfadora y guerrera; aunque la meta todavía quede lejos. Hay un equilibrio en el que es posible celebrar tus triunfos y, a la vez, querernos en el proceso. Es un equilibrio fundamental para cuidar esa relación con uno mismo, ya que es el punto de inicio de todas las demás relaciones.

Yo creo que no podrías tomar mejor decisión que recalcular la forma en que te juzgas y darte espacio para valorar desde tus grandes gestas tus detalles más pequeños. Enamórate de ti, impúlsate a ser la persona que quieres ser, adáptate, cuídate, hazte regalos, dedícate tiempo de calidad, medita, cocínate rico, haz ejercicio.

Encuentra el espacio para recordarte que quien eres hoy es tan importante como quien serás mañana.

Una muy buena forma de empezar es la meditación. Quizá te sorprenda, pero te prometo que yo era la primera que me veía muy lejos de poder hacerlo; era algo casi inalcanzable. Mi cabeza continuaba siendo bombardeada por un montón de pensamientos que no podía controlar, así que lo consideraba una pérdida de tiempo. Hasta que descubrí un método para meditar.

En mi caso, encontré un nivel de meditación algo más fácil, menos abstracto que eso de desactivar por completo tus pensamientos y hallar la calma absoluta. En su lugar, dedico unos cinco o diez minutos a pensar sobre un tema concreto al que presto toda mi atención. Es como tener una conversación contigo misma sin dejar que me interrumpan otras cuestiones, sin distraerme pensando en lo que me queda por hacer, en si tengo que hablar con alguien o lidiar con algún asunto urgente de mi empresa.

Si lo de dejar la mente en blanco te parece un imposible y lo de pensar en un tema concreto también te cuesta, puedes probar dedicando tu atención a alguna acción concreta, como pintar, fregar los platos o darte una ducha. La única norma es no tener ningún otro estímulo externo, ni música, ni ruido, para que consigas una conexión directa contigo misma y recuperes durante unos minutos la sensación de estar en contacto con tu cuerpo y tu mente.

REFORMULAR EL DESEO

Deseo: movimiento afectivo hacia algo que se apetece.
Apetencia, apetito, aspiración, ansia, afán, anhelo, pretensión, capricho, empeño, antojo, pasión, ambición, interés.

La palabra «deseo» no es nueva para nadie. Le pedimos deseos al genio de la lámpara, a Papá Noel, a los Reyes Magos, al universo o a quien haga falta. Pero ¿sabías que, según la psicología, el deseo toma forma cuando la demanda se separa de la necesidad y, por lo tanto, nunca puede ser satisfecho? El deseo es entonces una fuerza constante y eterna que solo se convierte en una meta cuando lo vemos como un objetivo alcanzable y no como un escenario futuro imposible. **Los deseos son solo eso, metas que no podemos cumplir.** Y yo creo que ha llegado el momento de reformular esa realidad y de pactar con el deseo, con el amor hacia nosotros mismos y con las oportunidades que nos ponemos delante. En lugar de considerarlo un imposible, vamos a transformarlo en la gasolina que nos pone en marcha, el combustible que nos llevará a conseguir algo.

Por eso hoy vamos a pactar con ese deseo para romper su lógica y conseguir que pase de ser deseado a ser realizable. Aceptaremos su poder para movernos el corazón y rechazaremos su fama de inalcanzable. Al fin y al cabo, si tanto lo anhelamos y además creemos en nosotros mismos, ¿por qué íbamos a tener que renunciar a él? Vamos a hacer que nuestra vida se convierta en una lista de deseos capaces de ser cumplidos, en una lista de metas, de ilusiones en la que no hay imposibles.

Yo cada año hago mi lista de diez cosas que quiero cumplir en ese periodo, sin necesidad de que venga ningún genio a concedérmelas, sino siendo yo mi propia maga y cambiando deseos por realidades. No soy de desear, prefiero pactar con el deseo y hacerlo posible.

¡A POR ELLO!

La lista que vas a cumplir

Haz tú también tu lista con esos diez deseos que vayas a cumplir próximamente, en seis meses, en un año o en dos, pero en un marco temporal definido y no demasiado lejano. Te recomiendo que te tomes esta lista en serio y que pienses esos diez deseos el tiempo que necesites porque te aseguro que la satisfacción que te va a dar completarla será mayúscula. Piensa en cosas que te hagan ilusión, pero que sean medibles y específicas, para que no quede duda de cuándo las has conseguido (acuérdate de los objetivos SMART). Por ejemplo, en vez de decir «aprender Excel», puedes poner «sacarme el curso de Excel nivel avanzado» o «saber hacer funciones y crear tablas dinámicas en Excel». ¿Lo tienes? Pues ahora escribe cada deseo aquí abajo:

1. ....

....

2. ....

....

3. ....

4. ....

5. ....

6. ....

7. ....

8. ....

9. ....

10. ....

**¡VAMOS A CUMPLIR
CADA UNO DE ELLOS!**

CAPÍTULO 19

NOTAS MUSICALES

Tú igual que Taylor: sin miedo a expresarte y siempre dispuesta a abrazar todas las versiones de ti misma.

M e gusta pensar que cada persona es una canción, una melodía compuesta por muchas notas musicales. Do, re, mi, fa, sol, la, si; seguro que has estudiado la escala en las clases de Música de Primaria y que sabes que una melodía se compone de una combinación armónica de estas notas si quiere sonar bien. Si lo extrapolamos a la vida, lo que tenemos para ofrecer a los demás, nuestras características y cualidades, es como esas notas que forman una canción (que somos nosotros mismos). Y esas notas, también, son las cualidades que buscaremos en otras personas.

Ya te he contado que solemos valorar en los demás lo que nosotros ofrecemos. Si eres alguien generoso te gustará tener a tu lado a otra persona que también lo sea. Si esto se cumple nos sentiremos en igualdad de condiciones y llegaremos a la conclusión de que estamos en una relación justa. Cuando encuentras a alguien compatible contigo, vuestras canciones son parecidas, ya sea por el ritmo, por el género o porque tenéis una voz similar.

Piensa en una canción que te encante y que sientas que, de alguna forma, te define. Puede ser tu canción favorita desde siempre o una que hace poco que has descubierto. No te agobies con esto porque es solo para que la tengas de referencia. Seguro que te la sabes a la perfección, así que imagínate cómo suena en tu cabeza. ¿Lo tienes? Ahora quiero que pienses en esta misma canción, pero que te imagines que, en lugar del artista original, la cantan diferentes voces.

En función del registro vocal, los cantantes se pueden dividir, a grandes rasgos, en seis categorías: soprano, mezzosoprano, contralto, tenor, barítono y bajo. Cada una de estas voces nos transmite algo distinto (alegría, gravedad, tesón, angustia, etc.), así que me he inventado una clasificación personal que te vendrá bien para este ejercicio:

- **SOPRANO.** Es la voz más aguda. En óperas o corales suele ser la voz principal. Podríamos asociarla a una etapa de madurez, donde hemos alcanzado la plenitud vital.
- **MEZZOSOPRANO.** Es la voz femenina media que se encuentra por debajo de la soprano. La asocio a algo estable, sin altibajos, a una vida tranquila y a momentos de paz.
- **CONTRALTO.** Es la voz más grave de las mujeres. Se trata de un registro difícil de encontrar, ya que solo un 2 por ciento de mujeres la tienen. Por eso mismo la asocio a una etapa difícil de la vida, en la que luchamos por sacar algo adelante, o a un momento de lucha interna. Uno de esos momentos en los que toca poner todo de nuestra parte para superarnos.

- **TENOR.** Es la voz más aguda de los hombres que se distingue por su timbre claro y brillante. A mí me recuerda a esos momentos vitales en los que tenemos muy claro qué dirección tomar y sabemos quién somos y hacia dónde vamos.
- **BARÍTONO.** Es la voz masculina media. Sus agudos son más oscuros que los de un tenor y en la ópera suele interpretar el papel de villano o de hombre poderoso. La asocio a momentos de poderío, de haber logrado metas, de tener el control y de ser el protagonista de nuestra historia.
- **BAJO.** Es la voz masculina grave. Tiene un timbre muy oscuro y una gran potencia, lo que imprime un gran respeto. La asocio a momentos tristes y malos, en los que no estamos alineados con lo que hacemos.

Imagínate esa canción que has elegido cantada por cada una de estas seis voces. ¿Cómo suena? El ritmo es el mismo, la letra es la misma, pero la voz que la canta hace que cambie por completo. Pues esto es lo que nos sucede a nosotros en las diferentes etapas de la vida. Nuestra canción será siempre la misma, pero en función del momento que estemos viviendo la cantaremos con la voz vital de una soprano o con la voz oscura y profunda de un bajo. La vida son etapas y habrá momentos de cansancio, euforia, lucidez o malestar. Todos estos estados son válidos y no te tiene que dar miedo vivirlos porque, por mucho que pases de un estado a otro, tu vida, tu canción, seguirá siendo la misma. Cantada con más o menos ganas, con más o menos furia o desgarro, pero la melodía, tu esencia, seguirá intacta.

Siempre serás tu canción, la cantes como la cantes.

LAS VERSIONES DE MÍ MISMA

Aunque la canción sea la misma, habrá veces que te gustará cambiar los acordes que acompañan a la melodía. Como te recordaba al principio, existen siete notas musicales básicas que, además de formar nuestra propia melodía, también pueden acompañarla. Ya hemos visto que en función de la etapa cantaremos con un tipo de voz u otro, pero dentro de cada etapa también existen versiones distintas de nosotros mismos. Estas versiones son las notas de los acordes. Imagínate que cada una es un rasgo de personalidad de ti mismo; en mi caso, una «Andrea distinta».

- **DO.** Mi yo más perezoso y cansado. Lo asocio a esos días en los que no tienes ganas ni de levantarte de la cama.
- **RE.** Mi yo más descansado y tranquilo. Vibro en re en esos momentos en que me tumbo en el sofá a ver una peli después de un día extenuante.
- **MI.** Mi yo más creativo y disfrutón. Relacionado con esos ratitos en los que estás a tope imaginando y gozando del proceso.
- **FA.** Mi yo más currante e ilusionado. Vibro en fa cuando me pongo a ello, estoy comprometida y avanzo, con ganas.
- **SOL.** Mi yo más enérgico y ambicioso. Cuando alcanzo una meta enorme o estoy cerca de conseguirla.
- **LA.** Mi yo más fiestero y divertido. Asocio esta nota a salir, a pasarlo bien, a reírme con los míos, a vivir libre de preocupaciones.
- **SI.** Mi yo más desfasado y descontrolado. Lo relaciono con esos momentos donde nos faltan herramientas para con-

trolar la situación, donde algo nos supera y se nos va de las manos.

En función de en qué etapa nos encontremos y de cuál sea nuestra situación anímica, querremos que nos acompañe un acorde u otro. Este acompañamiento podemos ser nosotros mismos o lo podemos buscar fuera. Por ejemplo, si vibras en la buscarás a alguien que también vibre en esta nota para salir a darlo todo. Pero no te engañes, esto no significa que estés en una etapa eufórica; tal vez tu canción está siendo cantada por una contralto, es decir, estás en un momento en que tienes muchos retos que superar, y decides darte un descanso y de ahí que quieras un acorde de la. Para que me entiendas: las voces representan etapas vitales, y las notas, versiones de ti misma que pueden salir a relucir en cualquier etapa.

¡A POR ELLO!

Tu canción
Reflexiona sobre tu vida y sobre cómo es la etapa en la que te encuentras ahora mismo. Te recomiendo que pienses en periodos de, por lo menos, meses y que evalúes cuál ha sido la tónica general.

¿Qué tipo de voz canta tu canción? . . . .
. . . .

Ahora, vayamos a lo más concreto. Reflexiona sobre cómo estás hoy, cómo estuviste ayer y los demás días de la semana. Intenta asociar una nota a cada día. ¿Qué versión de ti misma sacaste a pasear?

Hoy: ....

....

Ayer: ....

....

Anteayer: ....

....

El anterior: ....

....

Por último, analiza si tus actos estuvieron alineados con tus emociones. Es decir, si lograste encontrar un *partner in crime* que vibrara contigo; si, por el contrario, tuviste que cambiar el chip y no pudiste hacer lo que verdaderamente te apetecía, o si te escuchaste y supiste armonizar la melodía con los acordes adecuados. Esta reflexión te ayudará en el futuro a conocerte y a saber cómo estar más a gusto contigo misma y con los demás.

Todas nuestras versiones son válidas. Las canciones que más han triunfado tienen versiones acústicas, roqueras, baladas... Sí, son la misma canción, pero con un *mood* diferente en función de quién las cante y del género en el que encajen. Tú, igual que los *hits* más icónicos, **tienes el poder de reinventarte, de no sonar nunca aburrida**, de usar todos los instrumentos del mundo para que nunca pases de moda. El truco está en saber leerte, en identificar tus necesidades según el momento y en no tener miedo de expresarte. Tu canción es solo tuya, así que escúchala todas las veces del mundo y júntate con quien te acompañe bien. Que lo bonito de la música y de la vida es compartirla con otras personas.

CAPÍTULO 20

FIEL A TI MISMA

Solamente necesitas convencer a una persona de que lo que piensas, dices y haces está bien. Y esa persona eres tú.

Hay que ganar, ser la mejor, sacar las mejores notas, quedar la primera en aquel concurso de baile, competir con todos, superarlos, quedar por encima de quien se cruce en nuestro camino. ¿O no? A estas alturas del libro, me gustaría pensar que ya has descubierto que puede que no sea necesario hacerte pasar por esto ni ver a todo el mundo como rivales, como competencia. Que ya te has dado cuenta de que nuestro verdadero rival somos nosotros mismos y ganar es tan sencillo como ser un poquito mejor que ayer.

Nuestra mayor competencia está frente al espejo y enfrentarnos a ella es de las cosas más difíciles que tenemos que hacer cada día. Aun así, antes de que termines este libro (¡ya casi estamos llegando al final!) quiero recordarte que este reenfoque tan positivo tiene sus riesgos, y es que, al vernos como el enemigo a batir, podemos acabar tratándonos peor de lo que deberíamos. Si el exceso de confianza con nosotros mismos nos hace faltarnos al respeto, hablarnos feo o tener pensamientos destructivos, STOP. Aquí está pasando algo raro.

Hagamos un pequeño análisis de situación. Es tan simple como hacerte estas preguntas. Piensa en las personas a las que aprecias que están a tu alrededor. ¿Las respetas? ¿Las miras bien? ¿Las ayudas cuando tienen un problema? ¿Les permites estar mal sin juzgarlas? ¿Las dejas tiradas cuando comparten sus propósitos contigo? ¿Llegas tarde o cancelas los planes que habéis hecho? Si te esfuerzas en tratar bien a tu gente, espero de verdad que te trates a ti con el mismo cuidado.

El respeto, la comunicación y, sobre todo, el entendimiento, el apoyo y el cariño que buscamos en otras personas, tendríamos que dárnoslo primero a nosotras mismas. Te recomiendo que pienses en algún momento en que los demás te hagan sentir bien y ahora te preguntes si tienes momentos similares en soledad. Por ejemplo, si te gusta que tu pareja te invite a cenar, ¿cuando estás sola te das algún homenaje porque te apetece, sin más?; o, si te hacen feliz las palabras de apoyo de tus padres, ¿te las dedicas a ti misma cuando las necesitas? Puede que con estas preguntas tengas una primera idea de cómo está tu relación contigo misma.

Da igual cuántas veces haya que repetirlo: no sirve de nada cuidar a los demás si no sabes cuidarte primero a ti misma.

Estoy segura de que, si quedas a cenar con tu mejor amiga, no la avisas diez minutos antes de que no vas a acudir porque no te apetece, sin ninguna razón. Y lo mismo para entregar un trabajo a tiempo o para llegar puntual a una cita. Entonces ¿por qué cancelas los planes contigo misma? Dejamos de ir al gimnasio porque, total, ya iremos otro día, o no nos reservamos esa hora para hacer algo que nos gusta. Quizá nunca te lo habías planteado así, pero **cada vez que haces eso estás fallando a tu palabra y a tu cita contigo misma**, y creo que es una gran falta de respeto hacia ti.

LA COMUNICACIÓN FUNCIONA EN DOS DIRECCIONES

Uno de mis libros favoritos es *Cómo ganar amigos e influir sobre las personas*, de Dale Carnegie. El título suena duro, lo sé, me imagino que es precisamente eso lo que lo hace bueno; es de esos que generan controversia y hacen que se vendan un par de ediciones más. Y es que estamos hablando de un best seller, un clásico que te ayuda a comprender las relaciones humanas. Leerlo supuso para mí un antes y después en cómo trataba con el resto y, sobre todo, cómo trataba mi relación individual.

Carnegie te enseña a valorar al resto y a hacerlo contigo del mismo modo, y ya sabes lo importante que es eso para mi filosofía vital. Sinceramente, me alegro de que hayas comprado *Te tienes, lo tienes* solo por el hecho de haberte podido recomendar *Cómo ganar amigos e influir sobre las personas.* Créeme que merece mucho la pena, para mí es uno de esos libros que deberían hacer leer en el colegio y todos deberíamos leer. Y es que, si aprendes a comunicarte con el resto, todo el mundo estará de tu lado y será más sencillo avanzar porque contaremos con ayuda externa. Aunque yo sea de las que defienden que no necesitamos a nadie más que a nosotras mismas para tirar hacia delante, tampoco hay por qué negar que toda ayuda suma.

Antes de pasar a lo siguiente, me gustaría enseñarte un ejercicio que sirve para introducirnos en este asunto. Ya sabes, coge papel y boli.

¡A POR ELLO!

Círculos y fronteras

Vamos a dibujar dos círculos. Uno grande que ocupe casi toda la superficie y uno más pequeño en el centro, que ocupe más o menos la mitad del primero. Y ahora, a completarlos.

El círculo más pequeño representa todo aquello que depende de ti y que puedes controlar, así que necesitas escribir dentro de él todo lo que te venga a la mente. Te aseguro que es un ejercicio muy satisfactorio ir llenando el espacio con lo que hemos aprendido a controlar. Yo te dejo algunos ejemplos, pero te puedes ir también a lo más específico. ¡Todo lo que se te ocurra!

- Nuestra propia opinión.
- Nuestras propias acciones.
- Nuestras palabras.
- ....

Luego, en el círculo grande, toca escribir aquello que no podemos controlar nosotros mismos. Nada de venirse abajo, parte del aprendizaje de este libro ha sido asumir que nuestra energía tiene que ir a lo que podemos cambiar, y eso, claro, no alcanza cada centímetro de cada área de tu vida. Así que repetimos, te dejo unas ideas, pero tómate la libertad de escribir cualquier cosa más específica que tenga que ver con tu vida.

- La opinión de los demás.
- Los actos de los demás.
- Las palabras de los demás.
- ...

¿Lo tienes? Observa bien tu obra. Este dibujo nos muestra que el resultado final nunca dependerá al cien por cien de nosotros, pero que sí podemos controlar cómo gestionarnos a nosotros mismos cuando algo no salga según lo planeado. Enfadarte por algo que no depende de ti es dejar que otras personas manden sobre tus emociones. Y ahí estaríamos jodidas. Solo cuando tú misma estás en control y nadie puede cambiar tu *mood*, ahí te das cuenta de que has ganado poderes.

Y con esta introducción llegamos a algo que quería contarte y que tiene mucho que ver con ese ser fiel a una misma que me gustaría que se te quedara grabado en la cabeza. El ejercicio que acabas de hacer enseña que hay cosas, como la opinión de los demás, que no podemos controlar, ¿verdad? Bueno, pues cuidado con eso, porque eso no quiere decir que los demás no puedan intentar controlarnos usando, precisamente, su opinión y comunicación.

Cuando estamos en una situación privilegiada, cuando hemos conseguido algún objetivo que nos habíamos propuesto o cuando, en general, se podría decir que nos van bien las cosas, a veces aparece gente que pretende convertirse en nuestra mejor amiga de la noche a la mañana. Personas que tienen una especie de detector para arrimarse a quien les convenga (y no hablo de la fama, hablo de cualquier situación en la que a ti te va bien). Te están yendo genial los exámenes y de repente ese compañero que pasaba de ti quiere que estudiéis juntos; te lo has currado en el trabajo y te han dado responsabilidad y ahora te llueven los piropos de gente que quiere que las dejes salir antes (aunque no haya dado un palo al agua en todo el día). Seguro que te ha tocado vivir alguna de estas situaciones.

Si esto ocurre, tengo un truco para ti. Mira esos círculos que acabas de dibujar. La línea del círculo pequeño debería actuar como una frontera; si hay que asumir que no podemos influir en lo de fuera, entonces tampoco podemos dejar que eso llegue a lo de dentro, es decir, que esas opiniones y palabras externas nos afecten. Y eso también cuenta cuando alguien está intentando engañarnos y se disfraza de bueno para conseguir lo que quiere. Ser fiel a una misma también tiene que ver con recordar quién somos y, sobre todo, quién éramos antes de llegar a la meta.

Elige la versión que quieres ser y evoluciona, madura y cambia, pero que sea porque lo quieres tú.

Ten paciencia contigo misma y disfruta del proceso, que será la parte realmente importante donde lo aprenderás todo, la parte que recordarás cuando finalmente tengas tu meta en la mano. Abraza a los nuevos amigos que lleguen si son personas que te van a aportar, que no tienen miedo a decirte lo que piensan y con los que podrás crear una relación sana y enriquecedora. Pero recuerda también quién podría haber estado contigo durante el camino y decidió estarlo solo al final. Tomes la decisión que tomes, hazlo siendo fiel a la persona que eres, a la que fuiste y a la que serás.

No dejes que nadie modifique tu esencia.

CAPÍTULO 21

MIRA TODO LO QUE HAS LOGRADO

No se trata de ser la primera o la mejor, se trata de ser inolvidable.

Puedes estar orgullosa por haber llegado hasta aquí. No tenía yo tanta fe de haber hecho algo lo suficientemente entretenido como para que quisieras terminar de leerlo. Así que enhorabuena a las dos: a ti, por tener la paciencia y la constancia necesarias para terminar de leer este libro y, a mí, por escribirlo. Uno sin dibujitos siempre se hace un poco más pesado, y aun así aquí estamos. Ya casi lo tenemos.

De todo corazón, espero que esta lectura te haya hecho reflexionar, pensar o replantearte alguna cosa. Quizá también te haya servido para darte cuenta de un montón de cosas que ya sabías sobre ti misma, pero de las que has podido ser un poco más consciente. Pero, sobre todo, espero que este libro te haya aportado algo positivo y algún aprendizaje para el resto de tus días. Ojalá cuando lo cierres y lo dejes en la estantería sigas esforzándote todos y cada uno de tus días para ser mejor, puedas mirar atrás y aplaudir todo el camino recorrido, te abraces y te perdones por todos esos momentos que se te hicieron un poco bola. Me encantaría que este libro fuera un recordatorio de todo por lo que pasaste hasta llegar aquí. La pena, las luchas, los traumas... Y aquí seguimos, en pie y con ganas de más.

Muchas veces no nos valoramos lo suficiente. Nos castigamos por cosas que no hicimos bien, como aquella metedura de pata delante de la clase, o el momento en el que te caíste y todo el mundo lo vio. Pero déjame que te diga una cosa: eres la única que se acuerda de eso. No somos tan importantes en la vida de otras personas, pero sí deberíamos serlo en la nuestra. Así que, en lugar de machacarte por algo que forma parte de tu pasado, date las gracias por ser quien eres hoy y por haber llegado hasta donde has llegado.

Apláudete tú. No necesitas los aplausos del resto para saber que tú lo has hecho bien y que el mérito es tuyo. Lo has conseguido. Eres mejor que ayer y mañana lo serás aún más, así que disfrútalo, pon en práctica todo lo que has aprendido y no dejes que nadie ponga en duda tu valor ni que empañe tu victoria personal. Si escuchas o te dices a ti misma frases como «¿qué hace, se cree que lo va a conseguir?», «es ridículo la cantidad de tiempo que está invirtiendo en esto» o «yo ni me lo plantearía», responde esto:

Sí. Sí creo que lo voy a conseguir. Invierto el tiempo necesario para poder hacerlo. Por suerte para mí, esta es mi vida.

Esto pasará y, cuando lo consigas, aunque quizá no haya nadie esperando a verte llegar a la meta, te tendrás a ti misma. ¡Enhorabuena por ser el pedazo de persona que eres, ya te lo digo yo, aunque no estaría mal que tú te lo recordases de vez en cuando!

Estoy muy orgullosa de ti por quien eres en este momento y por quien serás en el futuro. Has elegido el camino correcto, empieza a andar, a correr; verás que la gente que te quiera te seguirá. Disfruta de tu vida y de ti. Puedes con todo, no me cabe la menor duda.

Y, para terminar, no podía irme sin dejarte una tarea más, una de mis favoritas. Se trata de una actividad que hago cada año y que guardo como un tesoro: escribir una carta a mi yo del futuro. Te animo a que lo hagas. Verás que, cuando te leas al cabo de unos años, fliparás con la cantidad de cosas a las que dabas importancia y que ahora son insignificantes para ti. Me imagino que de eso trata crecer. La vida da tantas vueltas que, cuando en uno, dos o tres años, te hayas mudado de país por amor, tengas el trabajo de tus sueños o te hayas atrevido a cortarte el pelo como juraste que nunca jamás harías (te hablo por experiencia propia), te echarás a reír leyendo lo que escribiste. Gracias a este ejercicio podrás crear un vínculo entre tu «yo» actual y tu «yo» del futuro, y tendrás un recordatorio tangible de tu crecimiento y evolución.

¡A POR ELLO!

Carta a mi «yo» del futuro

Escribe la fecha de hoy y la fecha en la que quieres volver a abrir este libro para leerte (te recomiendo que también pongas una alarma en tu móvil). Reflexiona y escribe sobre tu vida actual, tus metas y tus desafíos. Comparte tus sentimientos, aspiraciones y preocupaciones. **Escribe sobre cómo te gustaría ser y qué cosas querrías haber logrado en el momento de volver a leer esta carta. También puedes dar a tu «yo» del futuro algunos consejos basados en los que has aprendido hasta ahora. Por último, firma esta carta y guárdala en un lugar seguro.**

Fecha de hoy: . . . .

Fecha en la que volveré a leer esta carta: . . . .

Querida «yo» del futuro: . . . .

. . . .

. . . .

. . . .

. . . .

. . . .

. . . .

. . . .

. . . .

. . . .

. . . .

. . . .

Firma: . . . .

ES ÉXITO
SI ESTÁS A GUSTO

Muchísimas gracias, de corazón, por leerme y guardarme los secretos que te he desvelado a lo largo de estas páginas. La idea inicial era escribir una guía para crecer en esto del amor propio y el desarrollo personal sin exponerme demasiado ni hablar de situaciones personales. Pero, al final, he reunido fuerzas y, nunca mejor dicho, he decidido que sea un libro abierto. ¡No sabes lo bien que me ha venido desahogarme y lo segura que me he sentido compartiendo mis experiencias! Gracias por este pedazo de oportunidad, por ayudarme sin saberlo y por confiar en mí.

Te quiero muchísimo y te mando mis mejores vibras para que consigas todo aquello que te propongas.

Gracias por ser y por dejarme ser.

LIBROS QUE ME ABRIERON LA MENTE

Borja Vilaseca, *Encantado de conocerme*, Plataforma, Barcelona, 2008.

Dale Carnegie, *Cómo ganar amigos e influir sobre las personas*, Editora y Distribuidora Hispano Americana, S. A. (Edhasa), Barcelona, 2008.

Fernando Trías de Bes y Álex Rovira, *La buena suerte*, Empresa Activa, Barcelona, 2004.

Gary Chapman, *Los cinco lenguajes del amor*, Unilit, Miami, 2017.

James Clear, *Hábitos atómicos*, Diana, Barcelona, 2020.

Marie Forleo, *Todo tiene solución*, Zenith, Barcelona, 2021.

T. Harv Eker, *Los secretos de la mente millonaria*, Sirio, Málaga, 2011.

Walter Riso, *El coraje de ser quien eres (aunque no gustes)*, Zenith, Barcelona, 2020.